Aberglaube

Scherben bringen Glück

Aberglaube

Scherben bringen Glück

EDITION XXL

»Inhalt«

»Vorwort«

„Aberglaube ist die Poesie des Lebens", befand Johann Wolfgang von Goethe im Jahre 1823. Im 21. Jahrhundert scheint kein Platz mehr zu sein für die kleinen Rituale und Bräuche, mit denen unsere Vorfahren das Schicksal gnädig stimmen, Glück herbeiführen oder Erklärungen für bestimmte Ereignisse finden wollten.

Und dennoch beschleicht uns ein merkwürdiges Gefühl, wenn der Kalender die Zahl 13 in Verbindung mit einem Freitag zeigt. Wir freuen uns über den Anblick eines Schornsteinfegers und machen einen Bogen um aufgestellte Leitern. Der alltägliche Aberglaube sitzt tief – auch im „modernen" Menschen und in seinen Gewohnheiten: Wie sonst sind die kleinen Schutzgeister zu erklären, die in so manchem Büro Computerabstürze verhindern sollen? Und schauen wir genauer hin, so entdecken wir unzählige Rituale im Alltagsleben. Wie schnell heißt es „Ich drück dir die Daumen" oder „Toi, toi, toi" – ohne auch nur zu ahnen, was dahinter steht. Forschen wir nach, sehen wir, dass sich viele Bräuche und Sprüche von Region zu Region verändern und manchmal sogar widersprechen. Was in einem Ort noch als positives Omen gilt, bedeutet bereits wenige Kilometer weiter angeblich die größte Katastrophe.

Vielleicht hielten Sie sich bisher an die Warnungen und überlieferten Regeln der Ahnen, gingen schwarzen Katzen aus dem Weg und suchten vierblättrigen Klee auf einer Wiese. Nach der Lektüre unseres Büchleins wird Ihnen eines klar: Es scheint nichts zu geben, was Sie im Aberglauben „richtig" machen können – sofern Sie von der Anwesenheit der zahlreichen Gespenster, Dämonen und bösen Mächte überzeugt sind. Glauben Sie daran, dann warten endlose Regeln – und auch Fallen – auf Sie!

Aus der Fülle der Redewendungen wählten wir die bekanntesten Sprüche aus und versuchten sie zu deuten. Dabei zeigte sich, dass die meisten „Angstmacher" und deren absurde bis aberwitzige Erklärungen aus Unwissenheit unserer Ahnen entstanden.

Nun – möglicherweise sagt uns dies, dass wir nicht alles glauben sollten, was uns erzählt wird – heute wie damals. Trotzdem: Seien Sie vorsichtig! Sie fühlen sich aufgeklärt und mögen denken: „Ich bin nicht abergläubisch." Dem können wir nur zur Vorsicht ratend hinzufügen: Wissen das auch die Geister?

Anke Fischer und Patricia Eckstein

»Das Glück soll man nicht beschreien!«

Wer zu oft von seinem zukünftigen Glück spricht, bringt die bösen Geister in Fahrt. Wie wir wissen, liegen die nämlich den lieben langen Tag auf der Lauer, um einen Tipp aufzuschnappen über geplante freudige Ereignisse, gute Launen oder Geschäftsabschlüsse, um das dann gründlich zu vermiesen.

Egal, was im Voraus gelobt wird, seien es die guten Eigenschaften eines Menschen, seine Gesundheit oder seine Erfolge und Leistungen – die dunklen Pläne der bösen Mächte kippen noch vor dem Eintreffen alles ins Gegenteil um, wenn nicht die Formel „Beschrei es nicht!“ schnell gesprochen wird.

Auch „unberufen, toi toi toi“ oder auf Holz klopfen soll alles wieder ins Lot bringen.

Für diejenigen, die nicht den rechten Spruch an der rechten Stelle parat hatten, gibt es ein Rezept: In ein Wasserglas neun Brotstückchen und neun Kohlestückchen geben, an vier Zimmerecken aus dem Glas trinken und den Rest auf die Türangeln gießen.

Auch das Verschlucken von Kehricht soll helfen – spätere Übelkeit nicht ausgeschlossen. Wem das zu kompliziert ist, der greife auf das simple Daumendrücken zurück.

»Auf Holz geklopft hält's Unheil fern!«

Manchmal sind Menschen wirklich unvorsichtig. Sie sprechen vom Geldsegen, der bald eintreffen wird, von einem guten Ereignis oder einer wichtigen Sache – und bedenken dabei nicht, dass die bösen Geister zuhören und alles vereiteln können.

Da hilft nur noch eines: dreimal auf Holz klopfen! Der Lärm vertreibt nämlich die unliebsamen Gesellen, die laute Geräusche nicht mögen.

Zum Klopfen eignen sich besonders Tischplatten – wobei noch nicht klar ist, ob die Oberseite wirksamer ist als die Unterseite. Auch der Türrahmen, ein Schrank oder Stuhl sind denkbar, nur: aus Holz müssen sie sein. Dem wird nämlich eine ganz besondere Kraft zugesprochen, die daher kommt, dass die guten Geister in den Bäumen wohnen sollen. Folglich überträgt sich deren Magie aufs Holz. Schließlich werden den Holz-Reliquien auf der ganzen Welt besondere Kräfte zugeschrieben, seien dies nun Splitter von Särgen, heiligen Bäumen oder dem Kreuz Christi.

Andererseits soll das Klopfen auf Holz auch eine Art Telefon einschalten, mit dem die guten Geister gerufen werden können.

Also egal, wie es wirkt, Klopfen lohnt immer: Schließlich hassen die dunklen Mächte jeden Lärm – und so ist man die schon mal los!

»Drück die Daumen!«

Daumen hoch oder runter: Bei den alten Römern entschied diese Geste über Leben und Tod. Schon Cäsar und seine Zeitgenossen kannten die übernatürlichen Kräfte des Daumens, der nicht nur in der Arena bestimmte, sondern tatsächlich Glück verheißen soll.

Auch der Brauch des Daumendrückens, der heute noch praktiziert wird, war bereits damals beliebt. Dabei muss der magische Daumen eingeknickt und mit den anderen vier Fingern umschlossen werden. Doch diese Geste kann viel mehr, als „nur" Glück bringen. Wird der Daumen auf diese Weise festgehalten, sitzen angeblich auch die auf der Lauer liegenden bösen Geister fest und können keinen Schaden anrichten. Deshalb wurde sogar empfohlen, den großen Finger beim Zubettgehen auf gewohnte Art fest zu drücken als Mittel gegen Schlaflosigkeit und Albträume – Krämpfe in der Hand nicht ausgeschlossen.

Auch die Geheimnisse eines Schlafenden können mit ihm entlockt werden: Wird der Daumen fest angefasst, offenbart sich alles. Aber der Glücksbringer kann noch mehr. Bei Wundheilung, gegen Koliken und Zahnschmerzen hilft es, ihn aufzulegen.

Ebenso bei Seitenstechen. Die stärksten Kräfte soll angeblich der Daumen eines Gehenkten besitzen. Als Talisman in der Hosentasche getragen, sicherte er früher ewigen Erfolg. Doch heute bleibt uns dafür als Ersatz nur das eigene Daumendrücken.

»Wem zu früh gratuliert wird, der hat kein Glück!«

Anlässe für Glückwünsche gibt es viele: Geburtstag, Hochzeit oder eine wichtige Prüfung bringen zahlreiche Gratulanten auf den Teppich. Doch Vorsicht, wer zu früh seine Segenswünsche an die Person bringt, beschwört das Unheil herauf. Denn erst nach vollbrachter Leistung dürfen sämtliche Begehren ausgesprochen werden, weil sie sich sonst ins Gegenteil verkehren könnten.

Im Volksglauben heißt es dazu, dass die bösen Mächte, die immer auf der Lauer liegen, durch solch eine Floskel aufmerksam werden. Hören sie einen Wunsch zu früh, setzen sie alles daran, das Ereignis aus Missgunst zu verhindern.

Ist aber das Unglück schon geschehen und sind die Glückwünsche ausgesprochen – sei dies aus Unachtsamkeit oder Absicht –, kann es mit einer kleinen List abgewendet werden: dreimal auf Holz klopfen, und alles wird gut, denn die Geister suchen das Weite. Auch der schnelle Ausspruch: „Beschrei es nicht!" zeigt manchmal Wirkung. Doch nicht nur zu früh, auch zu spät können Wünsche eintreffen.

Bei Geburtstagen sollten Eltern und Geschwister dies bis zur Mittagsstunde erledigt haben. Später wirken die guten Wünsche nämlich nicht mehr.

»Steh nicht mit dem linken Fuß zuerst auf!«

Manchmal entscheidet ein kleiner Schritt über den ganzen Tag! So kann der falsche Fuß am Morgen Glück oder Unglück bringen und deshalb sollte das Aufstehen sorgfältig erfolgen. Denn egal, ob schnell aus dem Bett gesprungen wird oder der Morgenmuffel nur träge aus den Federn kriecht: Den Boden muss auf jeden Fall der rechte Fuß zuerst berühren.

Schon die alten Römer glaubten, dass der linke Fuß ein „verkehrter" sei und es rechtes Unglück brächte, mit diesem voranzuschreiten. Niemand dürfe sich dann wundern, wenn an diesem Tag alles schief laufe!

Auch heute bekommen mürrische Leute den Kommentar zu hören: „Du bist wohl mit dem linken Fuß zuerst aufgestanden." Schwierig wird es aber für alle diejenigen, diesen „Fehltritt" zu vermeiden, die auf der linken Seite eines Doppelbettes schlafen.

Nur eines ist noch schlimmer: beim Satz aus dem Bett zu stolpern. Denn dies verspricht, im Laufe des Tages gehörig hinzufallen.

»Am Ende des Regenbogens ist ein Schatz vergraben ...«

Manchmal kann der Schatz direkt vor der Haustür liegen. Unter einem Regenbogen zum Beispiel. Denn genau dort, wo dessen Enden die Erde berühren, warten unermessliche Schätze – heißt es jedenfalls.

Das kann ein Topf voll Gold sein oder auch einzelne Münzen wie die sagenhaften Regenbogenschüsselchen, die einen Stern oder ein Kreuz in der Mitte haben und früher tatsächlich gefunden wurden. Als Amulett getragen, bringen sie Glück. Werden sie jedoch verkauft, kehrt sich das Glück in Unglück um.

Was waren das wohl für sagenhafte Glücksbringer, die besonders dort zum Vorschein kamen, wo der Regenbogen zweimal an derselben Stelle auftraf? Vermutlich alte römische Münzen, die der kräftige Regen an die Oberfläche gespült hatte, glauben die Forscherinnen und Forscher.

Wenn sich nun aber Schatzsucher auf den Weg machen und nach dem Eldorado graben, müssen sie sich auf einiges gefasst machen: Alles, was tiefer als drei Fuß unter der Erde liegt, ge-

hört dem Teufel. Wer es trotzdem wagt, einen Schatz zu heben, läuft Gefahr, binnen eines Jahres zu sterben. Ob sich das lohnt?

»Fällt eine Sternschnuppe, geht ein Wunsch in Erfüllung«

Sternschnuppen verglühen schnell. Vielleicht gelten sie gerade deshalb als Garant dafür, jeden Wunsch wahr werden zu lassen, der in der Kürze der Zeit ihnen nahe gebracht wird. Denn nur der Wunsch geht in Erfüllung, der bis zum Verglühen fertig gedacht ist. Taucht also am Himmel eine Sternschnuppe auf, heißt es schnell denken – und leise sein. Auch ein laut ausgesprochener Wunsch bleibt nämlich vergebens. Da hierbei derart viel beachtet werden muss, verwundert's kaum, dass nur selten einer der Wünsche tatsächlich in Erfüllung geht ...

Die kleinen verglühenden Meteore galten im Gegensatz zu anderen Himmelsereignissen stets als gutes Omen und bekamen ihren Namen wahrscheinlich daher, dass die Menschen früher glaubten, es handele sich bei den Sternschnuppen um die Dochte, die auf die Erde fielen, wenn Engel die Himmelskerzen putzten. Schließlich hießen die glühenden Dochte der irdischen Kerzen ebenfalls „Schnuppen".

Sternschnuppen, die während der Raunächte fallen, also zwischen dem 25. Dezember und dem 6. Januar, besitzen übrigens besonders starke Kräfte. Ledige sollten dabei intensiv an ihre

Hochzeit denken, damit diese binnen Jahresfrist vonstatten geht. Weniger Optimistische kommen beim plötzlichen Himmelsleuchten auch auf ihre Kosten: Sie bitten nicht um Wünsche, sondern um die Abkehr von Unheil. Ein schnelles Gebet sollte deshalb immer parat sein.

»Man soll sich die Hände nicht über Kreuz zum Gruße reichen!«

Begrüßen sich vier Menschen gleichzeitig, achten sie noch heute darauf, sich nicht über Kreuz die Hände zu reichen. Dass dieser etwas mit dem christlichen Symbol zu tun haben soll, ist eher unwahrscheinlich. Denn das Kreuz gehörte auch schon vor dem Christentum zu den großen magischen Zeichen, die sich für die unterschiedlichen Rituale eignen. Dagegen ist das christliche Symbol ein Schutzzauber gegen die Mächte des Bösen. Auf Gegenstände gezeichnet oder in Brote geritzt, zog es den Segen auf den Hausstand.

Aber das magische Kreuz lockte eher luftige Gesellen unterschiedlicher Gesinnung an. So galten sich kreuzende Wege als ein bevorzugter Aufenthaltsort für Geister. Magische Rituale seien dort besonders wirksam, hieß es. Vor noch gar nicht allzu langer Zeit fanden Selbstmörder an Kreuzwegen ihre letzte Ruhe. Auch gekreuzte Körperteile können heute noch gegensätzliche Bedeutung bewirken. So schützen gekreuzte Finger vor Nachtmahren, und Kinder (manchmal auch Erwachsene) gebrauchen diese Geste, wenn sie die Unwahrheit sagen oder etwas versprechen, das sie sowieso nicht halten wollen. Und überschlagene Beine bei wichtigen Handlungen machen die Abschlüsse unwirksam.

Welche Energie sich aus dem Arm-Kreuz also auf die Begrüßten überträgt, ist weder abzusehen noch sind die Folgen zu erahnen – und deshalb sollte es sicherheitshalber unterlassen werden.

»Man soll den Tag nicht vor dem Abend loben!«

Was kann einem so alles den Tag über passieren! Ungeschick, Unheil und Unglück – und das alles nur, weil wieder einmal etwas beschrieen wurde, zum Beispiel: „So ein schöner Tag" oder „heute gelingt mir alles". Doch auf Aussagen dieser Art warten ja nur die Geister, um einem den Spaß so richtig zu verderben. Und selbst wenn wir den guten Tag nicht vor seinem Ende gelobt haben, kann innerhalb von 24 Stunden so viel passieren, weil die wichtigsten Grundregeln nicht beachtet wurden.

Das Dilemma beginnt schon mit dem Aufstehen, denn mit dem linken Fuß zuerst aus dem Bett zu springen, bringt Unglück. Wird anschließend im Bad das Handtuch mit dem oder der Liebsten geteilt, droht Streit. Fällt beim Frühstück das Butterbrot zu Boden und landet es auf der gebutterten Seite, wird's Regen geben. Und Aufstehen während des Essens vom Tisch bringt wieder Unheil.

Zahllose Regeln bis zum Abend, wo selbst beim Zubettgehen Gefahren lauern. Da kann einer noch so ungläubig sein, was den Tag über alles passieren kann, passt in kein Buch!

»Mal den Teufel nicht an die Wand!«

Wer kennt sie nicht, die ewigen Pessimisten, die immer auf das Schlimmste vorbereitet sind und warnend ausrufen: „Mal doch den Teufel nicht an die Wand!“

Sie glauben, dass das Übel herbeigeredet werden kann. Eine Art der selbst erfüllenden Prophezeiung? In der Tat. Schließlich bezog sich der Ausspruch in der ursprünglichen Bedeutung tatsächlich auf den gehörnten Gesellen. Der wartet immer nur darauf, dass er gerufen wird.

Das kann mit Worten sein oder einem Bild an der Wand. Einmal gedankenlos den Namen des Teufels ausgesprochen, kann es passieren, dass er plötzlich vor einem steht – ob in bekannter Gestalt, als Faust`scher Pudel oder sonstiger Verführer.

Also, Vorsicht bei unachtsamen Äußerungen. Und: Klopft es nachts an die Tür, bitte fragen, wer da ist, um nicht versehentlich dem Beelzebub das Haus zu öffnen ...

»Scherben bringen Glück«

Dass Scherben Glück bringen, ist fast überall auf der Welt bekannt. Der Glaube entstand aber nicht allein aus dem Trost heraus, als etwas Kostbares zu Bruch ging. Vielmehr hält das Glück Einzug durch den Lärm, der dabei entsteht: Er vertreibt die bösen Geister. Eine Idee, die auch hinter dem Feuerwerk zum Jahreswechsel oder den dissonanten Gesängen der alemannischen Fastnacht steckt.

Zurückzuführen ist der Spruch wohl auf alte Opferrituale, als die Opferschälchen gegen Ende der Zeremonie zerschlagen wurden und der Lärm dabei als schöner Nebeneffekt zum Hauptzweck avancierte. Noch heute ist es Brauch, ein neues Schiff mit Champagner zu taufen, wobei die Flasche unbedingt zu Bruch gehen muss. Auch werden mancherorts die Gläser nach dem Trinken hinter sich geworfen. Bei Hochzeiten soll am Polterabend so viel Geschirr klirren, wie aufzutreiben ist.
Aber Vorsicht: bitte nur Porzellan, Keramik oder Steingut zerschlagen, denn kaputtes Glas bringt Unglück.

Und wer beseitigt die Bescherung? Das Brautpaar allein und natürlich gemeinsam, als Zeichen dafür, dass auch künftig

zusammen angepackt wird. Ist der Berg recht hoch, gilt dies als gutes Zeichen: Gab es genug kaputtes Geschirr vorher, fliegt während der Ehe weniger hin und her – so heißt es jedenfalls.

»Aufs Geld gespuckt, vermehrt es sich«

Ohne Geld geht nichts. Und mit viel Geld scheinbar alles leichter. Wie gut käme uns dann der richtige Zauber, die Finanzen zu mehren. Und weil das liebe Geld einen solch hohen Stellenwert in der menschlichen Existenz einnimmt, gewährt der Aberglaube eine Reihe von Angeboten für dessen zauberhafte Vermehrung.

Der beliebteste und noch heute bekannte Trick ist, auf das erste eingenommene Geld des Tages, der Woche, des Monats oder des Jahres kräftig zu spucken. Die Kraft für den Zauber kommt vom menschlichen Speichel, der als eine besonders wirksame Substanz für allerlei Zaubereien herhalten muss. Er entsteht im Körper und wird durch den Mund abgesondert – auf dem gleichen Weg also, durch den auch die bösen Geister eindringen wollen. Nur ein so magischer Stoff wie der Speichel kann sie davon abhalten!

Daneben gibt es noch andere Wundermittel, die ein reges Wachstum des Kapitals verheißen: Beim ersten Ruf des Kuckucks oder beim ersten Gewitter des Jahres heißt es, seinen Geldbeutel kräftig zu schütteln. Es hilft aber auch, am Heiligen Abend oder in der Silvesternacht seine Münzen auf dem Tisch

zu verteilen, weiterhin am Aschermittwoch den leeren Geldbeutel zu waschen. Aber Vorsicht, eine alte Regel besagt: Wird das Geld zu oft gezählt, kann's weniger werden!

»Du sollst dein Zeug nicht am Leibe flicken!«

Ein Knopf reißt schnell ab. Wer aber dann unbedacht zur Nadel greift, handelt sich Ärger ein. Denn die Kleidung am Leibe zu flicken bringt auf jeden Fall Unheil – heißt es schon so lange, dass wir heute nicht mehr wissen, wann dies unseren Ahnen einfiel.

Sicher sollten Unfälle mit dem spitzen Werkzeug verhindert werden, die dann größere Flickarbeiten nach sich ziehen konnten – sowohl an Kleidung als auch am Menschen. Passiert es aber trotzdem, dass etwas am Leibe geflickt werden muss, so gibt der Abwehrzauber einige logische Rätsel auf: Angeblich hilft nämlich dann das Kauen eines Stücks des Garns, mit dem genäht wird.

Und auch sonst ist das Nähen und Flicken mit Vorsicht zu verrichten. Näht eine Frau beim Mondschein, so heißt es, würde dies ihr Leichenhemd werden, und wer zwischen den Jahren flickt, dem drohen eitrige Finger. Sticht sich aber ein Mädchen in die Hand, sollte es ausschließlich vor Freude weinen. Am selben Tag gibt es nämlich einen Kuss, heißt es.

»Messer und Scheren zerschneiden die Freundschaft«

Früher wurde flott zum Messer gegriffen. Stechereien gab es allerorten. Um sich daran nicht „mitschuldig“ zu machen, galt es als großer Fehler, Messer oder Scheren zu verschenken. Aber auch heute trifft dieser Grundsatz zu, denn wie schnell ist damit ein Unfall passiert!

Dabei besaßen Messer im Volksglauben auch durchaus positive Kräfte. Um böse Geister zu vertreiben, wurden sie im Mittelalter den Wöchnerinnen ins Bett gelegt.

Auch gegen Rheuma halfen sie, indem sie die Macht der Elben bannten, die diese Krankheit angeblich auslösten.

Doch beim Schenken hört der Spaß und vor allem die Freundschaft auf. Was also tun bei solch einem Präsent? Nun, eine Möglichkeit gegen das heraufziehende Unglück ist: Bezahlen.

Am besten mit einem symbolischen Preis wie dem Glückspfennig – denn wer weiß, ob der Cent eine ähnliche Wirkung hat …

»Wirf eine Münze in den Brunnen und wünsch dir was!«

Ein jeder Rom-Tourist schmeißt selbstverständlich seine Münze in die Fontana di Trevi.

Aber auch hierzulande funkeln in unzähligen Brunnen Geldstücke, die mit einem geflüsterten Wunsch beschwert am Boden liegen. Dort sollen bekanntlich die Wassergeister oder Feen mit ihren magischen Kräften wohnen, die sich (manchmal) den Wünschen der Sterblichen annehmen.

Ursprünglich erfüllten so manchen Wunsch eigentlich die Quellnymphen, die Besitzerinnen der Quellen, die gerne ein Opfer annehmen. Mit diesem wurden sie zuallererst milde gestimmt, um später die Bitte anzuhören. Mittel zum Zweck waren in früheren Zeiten „weiße" Lebensmittel wie Milch, Eier oder Brot. Aber mit dem Wohlstand änderte sich bald der Brauch: Eine Münze in den Brunnen zu werfen, „besticht" den Wassergeist oder die Nymphe heutzutage einfach angemessener.

Immerhin sollen diese dafür sorgen, dass nicht nur Leiden abgewendet, sondern auch das eine oder andere Anliegen zur Erfüllung kommt. Und das kann kosten!

»Zerbrochener Spiegel – sieben Jahre Pech«

Im Spiegel zeige sich ein Stück der Seele, heißt es. Umso schlimmer, wenn eben dieser zerbricht. Sieben lange Jahre würde es dauern, bis die Seele wieder gesunde. Bis dahin zögen aber Missgeschick und Not ins Haus.

Aber nicht nur die Seele erscheine auf der Oberfläche eines Spiegels – glaubten viele in der Vergangenheit –, auch die Geister fänden hier ihren Zutritt in das Reich der Menschen. Zerbricht nun dieses Tor, würden Flüche für großes Unglück und vielleicht den baldigen Tod eines Familienmitgliedes sorgen. Einzige Abhilfe gegen solch einen Bann wäre, die Scherben des Nachts im Garten zu vergraben.

Und auch sonst gilt es, auf der Hut vor der Spiegel-Magie zu bleiben. So dürfen auf keinen Fall Handspiegel mit der Oberfläche nach oben liegen. Auch der Sitzplatz unter einem Wandspiegel verspricht nichts Gutes. Der zu lange Blick in denselben lässt sogar Dämonen aufziehen. Spiegel haben es also in sich.

Zurückzuführen ist dieser Aberglaube vermutlich auf die sittlich strenge Moral des Christentums, die alle Eitelkeiten im Volk mit

subtilen Übertreibungen zu unterbinden versuchte. Doch der Aberglaube wehrte sich: In der Neujahrsnacht nämlich sollen die prophetischen Gaben des Spiegels überwiegen. Wer dann intensiv hineinschaut, erblickt vielleicht den zukünftigen Geliebten.

»Liegt das Tischtuch verkehrt herum auf dem Tisch, werden die Gäste nicht satt«

Vieles gilt es im Haushalt zu beachten. Hausgeister reagieren nicht gerade sanft und können Frieden und Freude trüben, sobald ihnen etwas nicht gefällt. Die rechte Ordnung bei Tisch gehört deshalb zu den obersten Geboten.

Keinen Fleck sollte das Tischtuch tragen, auch keine Krümel nach dem Essen. Viele Menschen haben das heute vergessen und handeln damit recht unbedacht: Stehen bei ihnen Gäste vor der Tür, drehen sie das befleckte Tischtuch einfach herum – und wundern sich anschließend, warum sie ihre Besucher nicht satt bekommen. Nun: Mit einem Tuch, das verkehrt herum liegt, kann dies natürlich nicht geschehen.

Warum das so ist? Vielleicht hat die Haushexe mitgegessen, weil eine Gabel zu viel auf dem Tisch lag. Oder die Geister ärgern sich und säen Zwietracht. Möglicherweise hilft dann, den Schaden einzugrenzen, wenn viele Kerzen leuchten. Böse Geister sind nämlich lichtscheu und so schon einmal vom Essen ausgeschlossen. Gehen die Gäste schließlich wieder, sollten die Hausherren sie auf dem Weg zur Tür nicht berühren, ansonsten

nehmen sie das Glück mit sich fort. Und laufen Gastgeber vor ihrem Besuch durch die Tür, ist es möglich, dass dieser künftig fern bleibt – was in manchen Fällen sicher zu bedenken wäre ...

»Wäschewaschen zwischen den Jahren bringt Unglück«

Was früher der Mensch am Leibe trug, war kostbar. Egal ob aus einfachem Leinen oder handgewebtem Damast – ein Großteil der Wäsche gehörte zur Aussteuer und damit zum wertvollen Besitz.

Welchen Einfluss hatten nun die bösen Geister auf die- oder denjenigen, die/der in ihrer/seiner eng anliegenden Kleidung Dämonen mit sich trug? Also musste vorsichtig mit der Wäsche verfahren werden: Niemals durfte sie dann auf der Leine hängen, wenn die bösen Gesellen besonders stark ihr Unwesen trieben.

Dies geschah vor allem zwischen den Jahren, während der Rau- oder Zwölfnächte, wenn die Seelen der Toten wiederkehrten oder die Holden und Perchten – wilde Dämonenscharen – des Nachts durch die Lüfte sausten. Ebenso an Walpurgis (30. April) oder Johannis (24. Juni) und sowieso in der Nacht. Wer dann die Wäsche zum Trocknen aufhängte, dem drohte Böses. Jedes Jahr ein Toter aus der Verwandtschaft, zwölf schlimme Jahre mit Krankheiten und zumindest ein unruhiger Schlaf. Dem zu entgehen, half nur eines: waschfrei zwischen den Jahren. Das gilt übrigens auch jeden Montag und Freitag.

»Wenn die Wäsche im Mondschein hängt, wird der Träger mondsüchtig«

Der Mond hat eine anziehende Wirkung. Auch für Geister. Vor allem in Vollmondnächten treiben sie sich herum und schwängern die Luft mit ihrem magischen Zauber.

Der legt sich dann über alles, was in einer Vollmondnacht draußen steht. Geräte und Wagen beispielsweise gehen nach einer Nacht im Freien bald kaputt, heißt es. Und ist die Wäscheleine zu nächtlicher Stunde noch bestückt, so dass das fahle Licht der „Teufelssonne" darauf fällt, gelten die Kleidungsstücke als infiziert. Der oder die Trägerin kann nicht nur mondsüchtig werden, sondern mancherorts sogar sterben.

Ist das Malheur passiert, hilft nur noch ein Mittel: Der oder die Betroffene muss zehn Monate lang nur Speisen essen, die mit einem Wasser zubereitet werden, in dem bei zunehmendem Mond drei Tage lang ein Achat lag.

Warum? Er schützt gegen Zaubereien, gegen Unfälle, vor Krankheiten und verhilft zum Sieg auf der ganzen Linie. Und das kann eben nur ein Achat!

»Wer sein Badewasser am gleichen Tag ausgießt, gießt sein Glück mit fort«

Dass ein Bad Körper und Seele anregt, brachte nicht erst der Wellness-Boom hervor. Seit der Antike sind Kräuter und Essenzen im Badewasser beliebt, die Schönheit und Gesundheit fördern sollen. Schon die ägyptische Königin Kleopatra badete der Legende nach in Eselsmilch und Rosenöl, die Menschen im Mittelalter bevorzugten dagegen Heilkräuter.

Um den gewünschten Effekt zu erzielen, war der richtige Zeitpunkt entscheidend. Am Sonntag zu baden galt als ungehörig. Kranke sollten ihre Heilbäder möglichst donnerstags nehmen, wobei März-, Oster- oder Regenwasser die kräftigste Wirkung versprachen; sowohl in Aussehen als auch in Wohlbefinden. Das zweckdienliche Bad am Johannistag (24. Juni), dem Geburtstag des Täufers, konnte in seinem Resultat kaum übertroffen werden. Zum allgemeinen Badetag eignete sich aber der Samstag, um für den bevorstehenden Sonntag „rein" zu sein.

Wollten Mädchen ihre Attraktivität steigern, setzten sie Liebstöckel zu. Wein im Wasser sicherte Gesundheit, vor allem beim ersten Bad eines Säuglings. Etwas weiße Wolle dazu, und blonde Haare würden ihm sprießen. Nun musste das Badewasser unter

einem Apfelbaum ausgeschüttet werden, damit das Kind immer rote (Apfel-)Bäckchen besäße. Aber erst einen Tag später und das gilt für alle. Das Wasser steht durch den Akt des Badens in einer solch engen Beziehung zum Körper, dass das Glück fortschwimmt, wenn es sofort ausgeleert wird. Und falls dies auch für das Auslassen aus der Wanne im modernen Bad zutrifft, empfehlen wir: Badezimmertür bis dahin abschließen.

»Wer nach Mitternacht über den Friedhof geht, den holt der Tod«

Nach Mitternacht geht es auf dem Friedhof nicht geheuer zu! Zahllose Werke der Literatur, Musik und des Films, ebenso Märchen und Sagen erzählen davon. Der Komponist Camille Saint-Saëns beschreibt eines dieser Szenarien: Die Uhr schlägt 12 – der Tod sitzt auf einem Grabstein und stimmt seine Fiedel, die Toten verlassen ihre Gräber und tanzen.

Aber auf dem Friedhof tanzen die Toten nicht nur, sondern sie treiben auch ihr Unheil, ausgelöst durch menschliches Verschulden. Damit ein Toter seine letzte Ruhe findet, sind nämlich unzählige Regeln zu beachten. Wird eine einzige gebrochen, nimmt der Spuk seinen Anfang! So genügt es, zu viele Tränen bei der Beerdigung zu vergießen. Auch ein kurzer Halt des Leichenzugs auf dem Weg zur Kirche äußert sich in nachfolgenden Störungen. „Böse" Menschen finden bis heute nur selten zur Totenruhe und eignen sich daher besonders gut für Beschwörungen und Rituale der schwarzen Magie.

Doch egal, ob die Toten erst gerufen werden müssen oder von selbst erscheinen, die Lebenden sollten den Kontakt mit ihnen besser meiden. Ansonsten würden sie noch in die Totenwelt

gezogen, heißt es. Ebenso „tabu“ wie Mitternacht ist auch die Mittagsstunde. Auch dann soll es angeblich auf dem Kirchhof spuken. Fazit: Die Mutprobe auf dem Friedhof um Mitternacht kann zwar geistvoll beginnen, jedoch seelenlos enden ...

»Mit dem Kehricht fegt man das Glück aus dem Haus«

Kehricht ist eine magische Substanz. Zwar besteht er, nüchtern betrachtet, aus Brotkrümeln, Rußpartikeln, Hausstaub und Schmutz, entfaltet aber gerade dadurch seine Kraft.

Denn alle diese Teilchen sind Spuren des täglichen Lebens und eng mit den Hausbewohnern verbunden.

Selbst die Seelen Verstorbener können sich dort verstecken. Schon deshalb wurde unmittelbar nach dem Leichenschmaus die Stube gründlich gefegt. Weil der Kehricht in solch enger Beziehung zu Leben und Tod im Heim stand, durfte er nicht einfach vor die Tür gefegt werden, sonst würde mit ihm alles Glück das Haus verlassen. Besser ist es, ihn im Herd zu verbrennen und auf die reinigende Kraft des Feuers zu setzen.

Falls aber ein Häufchen im Zimmer liegt, darf niemand hineintreten, denn dann gelingt den ganzen Tag nichts mehr. Und auch das schnelle Darübersteigen macht nicht selig. Im Gegenteil: Neben Unheil droht ganz sicher ein Streit.

»Kehre nicht nach Sonnenuntergang!«

Der Besen hat es in sich. Das wissen alle Hexen und nutzen ihn als Transportgerät. Aber auch die Sterblichen können sich seiner magischen Kraft bedienen, sie müssen nur wissen wie.

Da die Besen früher aus Birkenreisig gebunden wurden, einem Holz, das vor sprießender Lebenskraft strotzt, besaßen sie bereits durch den Werkstoff außergewöhnliche Stärken. Zudem kommen Besen mit dem Kehricht in Berührung, einem besonders magischen Stoff. Um damit keine Fehler heraufzubeschwören, muss grundsätzlich von außen nach innen gefegt werden. So kann kein Fremder eingestaubt werden, der den Kehricht zu einem Gegenzauber ausnutzen könnte. Auch der Samstag ist nicht von ungefähr für den Hausputz geeignet. An diesem Tag kommen nämlich die Seelen der Verstorbenen nach Hause. Und wenn dann die Stube nicht besonders gründlich gefegt worden ist, bleiben die Toten womöglich noch im Kehricht stecken.

Mit der Kraft des Besens kann also allerhand aus dem Hause entfernt werden. Das sollte aber bis Sonnenuntergang geschehen. Wenn sich draußen die Dämonen herumtreiben, ist das Fegen streng verboten. Trotzdem gibt es Ausnahmen: Mädchen, die in der Nacht zum Andreastag (30. November) kurz vor Mitternacht

die Stube kehren, sollen ihren zukünftigen Mann sehen. Und wenn Wirte um null Uhr etwas Kehricht von der Straße in die Wirtschaft fegen, lockt der magische Stoff angeblich viele Kunden an – was heute im Zeitalter von Sagrotanwahn und Kleenexphilie noch einmal zu bedenken wäre ...

»Die Kleider der Toten halten nicht lange«

Kleider machen Leute, heute wie damals. Doch früher wurde jedes einzelne Kleidungsstück, das nicht von der Stange kam, sondern nach vielen Stunden Handarbeit entstand, weit höher geachtet. Vieles gab es da im Voraus zu bedenken: Farbe, Stoff und zahlreiche Rituale. Schwarz galt als Trauerfarbe, Weiß war Festkleidern vorbehalten, einige Stände schrieben Farben vor.

Die Kleidung sollte außerdem möglichst unauffällig aussehen, sonst würden Geister oder vielleicht der böse Blick dadurch angezogen. Auch ein neues Gewand an Neumond getragen, versprach denselben Effekt. An Ostern präsentiert, zog es dagegen Glück für das ganze Jahr an. Und Kleiderlüften am Gründonnerstag oder Karfreitag schützte sicher vor Motten.

Ihr erstes neues Kleid durften Kinder nicht an einem Sonntag anziehen, sonst drohte ihnen der Hochmut. Ein neues Gewand, so glaubten die Ahnen, sei vor dem Tragen recht hoch zu hängen. Daraufhin wäre den Trägerinnen und Trägern die ebenso hohe Achtung der Mitbürger sicher und außerdem käme daraus der Schneider gepurzelt, der ja noch irgendwie (vielleicht mental?) mit dem Gewand verhaftet sei.

Die enge Verbindung des Menschen zu seinem Kleide gipfelte schließlich in der Vorstellung, dass Hosen oder Hemden, die von einem Verstorbenen stammen, nicht lange halten würden. Sie zerfielen recht schnell zu Staub – wie ihre Besitzer.

»Unter einer Leiter durchgehen beendet das Wachstum«

Studenten einer nordrhein-westfälischen Universität führten vor einigen Jahren folgendes Experiment durch: In einem engen Gang stellten sie eine Leiter auf und beobachteten das Verhalten ihrer Kommilitonen. Die Mehrheit schlug einen Bogen darum. „Könnte ja umfallen", erklärten sie.

Ihre Ängste wurzeln tief. Denn dass eine Leiter nicht unterlaufen werden sollte, wussten schon unsere Vorfahren und vererbten wohl das Unbehagen.

Was es mit dem Hilfsmittel fürs Handwerk auf sich hat, steht bereits in der Bibel. In der Genesis 28 träumt Jakob von der Himmelsleiter, der Verbindung des Menschen zu Gott.

Der Aberglaube dehnte das Bündnis gleich bis zur ganzen Geisterwelt aus und interpretierte, dass sich auf der Spitze einer aufgestellten Leiter die Geister versammeln und es sehr übel nehmen, wenn jemand unter ihnen durchläuft. Dem bringen sie Unglück oder Schlimmeres: Das Wachstum eines Kindes oder Jugendlichen hört auf.

Dass es sich dabei um Unsinn handelt, ist klar. Eine Leiter nicht zu unterlaufen, hat natürlich andere Gründe.
Sie könnte umfallen ...

»Fällt eine Stecknadel zu Boden, gibt's Streit«

Nadeln, die am Boden liegen, können durchaus gefährlich werden. Vor allem für den, der darauf tritt. Abergläubische betrachten gefundene Nadeln mit zwiespältigen Gefühlen. Für die einen bedeuten sie Glück, für die anderen Unglück. Aber in einem sind sich alle einig: Werden sie aufgehoben, kann es Seitenstechen geben. Und fällt eine zu Boden, steht ein Streit ins Haus. Genau wie Messer und Scheren dürfen auch Nadeln nicht verschenkt werden, auch keine Schmuckbroschen mit derartigem Verschluss, sonst „zerstechen" sie die Liebe oder Freundschaft.

Die einzigen, die sich über ein solches Geschenk freuen, sind die Feen und Nymphen, die vielerorts Nadeln als Opfergabe in einen Brunnen oder eine Quelle geworfen bekommen. Denn sie ist aus Eisen, einem magischen Metall, das auch beim Hufeisen die Wunder bewirkt. Deshalb sind Nadeln bei allerlei magischen Ritualen beliebt. Sie durchbohren die Abbilder der Feinde, und das nicht erst beim Voodoo, sondern auch im Europa des Spätmittelalters bis in die Frührenaissance.

Neben dem Verzaubern können Nadeln aber auch viel Gutes tun, heißt es. So nehmen sie eine Krankheit fort, wenn die Nadel

über die Schulter geworfen wird, vielleicht aus falsch verstandener Interpretation der chinesischen Akupunktur. Auch sollen sie orakeln können, je nachdem, wie sie fallen. Und wenn kein richtiges Ergebnis dabei herauskommt, so taugen sie doch hervorragend zum Sachen flicken.

»Wer einen Schirm im Zimmer aufspannt, holt sich den Streit ins Haus«

Harmonie ist ein schöner, aber auch gefährdeter Zustand. Wie schnell ergibt ein Wort das andere und der Krach ist da. Passiert dies ständig, können natürlich auch äußere Faktoren daran schuld sein. Denn, so glaubten unsere Vorfahren, es gibt viele Dinge, die einen Streit auslösen.

Um dem vorzubeugen, dürfe niemals ein Regenschirm im Zimmer aufgespannt werden, auch nicht, um ihn zu bewundern oder zu trocknen. Auf der Spitze sammeln sich nämlich kleine Ärger-Geister, die nur auf ihren Einsatz warten.

Harmoniesüchtige sollten außerdem vermeiden, Schuhe auf den Tisch zu stellen, ein Messer mit der Klinge nach oben auf den Tisch zu legen, eine Stecknadel fallen zu lassen, auf eine angelaufene Fensterscheibe zu schreiben oder sich bestimmte Pflanzen wie den Efeu, Begonien oder Hortensien ins Zimmer zu stellen. Nun: Wer putzt, kann sich denken, warum Schuhe oder Fenster für Zündstoff sorgen. Und Messer und Stecknadeln fallen oder liegen zu lassen, ist auch aus gesundheitlichen Gründen für Nicht-Abergläubische gefährlich.

Soll nun der Streit von vornherein erst gar nicht ins Haus einziehen, dann hilft wieder ein guter Trick: Einfach einen Türkis bei sich tragen! Diesem Stein werden nämlich versöhnende Kräfte zugeschrieben.

»Hufeisen bringen Glück!«

Das stimmt so nicht, denn Hufeisen bringen kein Glück. Sie wehren das Unglück ab, weil sie als eiserner Talisman Geister und Dämonen verschrecken, die allesamt panische Angst vor diesem Metall haben.

Demnach könnte es völlig egal sein, was an Haus- oder Stalltür hängt – Hauptsache, es ist aus Eisen. Wenn nun aber ein Finder auf ein Hufeisen trifft, haben es ihm zweifelsfrei die guten Götter vor die Füße gelegt, damit es Haus und Hof schützen soll. Und deshalb ist nur ein gefundenes Hufeisen ein gutes Hufeisen. Danach zu suchen, bringt nichts, und es im Reitstall abzubetteln, erst recht nicht, denn das Stück muss getragen und verloren worden sein.

Die Kraft, die davon ausgeht, stammt vom Pferd selbst. Das mythisch hoch verehrte Tier verfügt über ausgesuchte Stärken, die sich zusätzlich auf das Hufeisen übertragen durch seine Hufnägel. Deshalb nimmt auch die Stärke ab, wenn weniger als drei Nägel im Eisen stecken. Was früher dem Menschen sein Pferd, ist in unserer Zeit das Auto. Verständlich, dass gerade hier der Talisman an den Kühlergrill gehört. In einem Punkt allerdings gehen die Meinungen der Experten auseinander:

Muss das magische Eisen mit der Öffnung nach oben oder nach unten angebracht werden? Ist die offene Seite oben, kann das Glück hineinfallen, ist die runde Seite oben, kann das Unglück einfach daran abgleiten. Was also tun? Vielleicht schräg hängen?

»Eine Braut braucht zur Hochzeit: etwas Neues, etwas Geschenktes und etwas Geliehenes ...«

Er gilt als der wichtigste Tag im Leben. Und gerade im Zeitalter der Trennungen greift auch heute die eine oder andere Braut auf alten Aberglauben zurück, um zu retten, was noch gar nicht begonnen hat: die Ehe.

Dazu beachtet sie ein Regelwerk, das ihr Glück verheißen soll und sie reichlich auf Trab bringt. So darf der Bräutigam weder das Brautkleid vor der Trauung sehen noch beim Ankleiden zuschauen. Für das Kleid empfiehlt sich die Maßschneiderei, denn passt es nicht perfekt, lässt das auf viel Streit und Hader in der Ehe schließen. Sind die Gewänder auch noch so teuer, sie müssen selber bezahlt werden und nicht mit geborgtem Geld, denn sonst folgt in diesen Angelegenheiten der Leichtsinn in die Ehe.

Warum aber die Braut unbedingt etwas Neues, etwas Geliehenes und etwas Geschenktes tragen muss, erklärt sich aus der Magie des Tages. Wenn es die Braut bei der Hochzeit, also dem Tor zur Ehe, schafft, dreierlei Dinge zu tragen, so wird sich das später potenziert fortsetzen: genug Geld für Anschaffungen, ausreichend oft Geschenke und jederzeit Kredite.

»Das Brautpaar muss die Nacht vor der Hochzeit getrennt verbringen«

Damit die Ehe gelingt, wird noch heute so mancher Aberglaube zelebriert. Die Nacht vor der Hochzeit getrennt zu verbringen, gehört dazu. Denn wenn jeder der zukünftigen Partner noch einmal mit den gleichgeschlechtlichen Freunden und Freundinnen Abschied vom Single-Leben feiert, kann dem gemeinsamen Leben nichts mehr im Wege stehen. Streng genommen darf der Bräutigam seine Braut erst in der Kirche wieder sehen, alles andere würde Unglück bringen.

Doch von der Kirchentür bis zum Altar warten noch einige Fallen: So darf sich das Paar auf dem Weg nach vorn nicht umschauen, das beschwört Unheil herauf, auch, wenn einer der beiden während der Trauung niest. Und sehen sich die Eheleute beim Anstecken der Ringe nicht in die Augen, sondern auf die Hände, droht Gefahr für die Ehe.

Bei diesem Akt entscheidet sich auch, wer später die „Hosen" anhat, nämlich derjenige, dessen Hand obenauf liegt. Sollte dies der Mann sein, gibt es für die Braut noch eine zweite Chance: Sie muss beim Verlassen der Kirche als Erste über die Schwelle treten.

»Regen zur Hochzeit bringt Geld«

Auf der Wunschliste eines jeden Paares für den „wichtigsten Tag im Leben“ steht wohl ganz oben der Punkt „schönes Wetter“. Der heitere Himmel lässt nicht nur das Hochzeitskleid trocken, sondern verheißt auch ein heiteres Eheleben.

Regnet es nun aber, brechen nicht unbedingt traurige Zeiten an, denn es gibt einen Trostpreis: viel Geld. Mancherorts auch viele Kinder. Strömt allerdings starker Regen den ganzen Tag vom Himmel, so ist nichts mehr zu retten. Unfrieden und ein prügelnder Ehemann stehen bevor.

Ein Gewitter am Hochzeitstag scheidet allerdings wieder die Geister, zumindest regional, denn in manchen Ländern bringen Blitz und Donner entweder Glück oder eben das Gegenteil für die Zweisamkeit. Einigkeit herrscht in der Interpretation des Nebels: Zank und Streit sind zu erwarten.

Für den Hochzeitstermin empfiehlt sich also ein Monat mit schönem, gemischtem Wetter. Allerdings sollte der Mai vermieden werden, denn das ist die Zeit, in der „alle Esel verliebt sind“.

»Geschenke aus Glas zerschneiden die Ehe«

Glas ist mit gemischten Gefühlen zu betrachten. Und zersprungenes Glas erst recht. Egal, ob Trinkglas, Fensterscheibe oder Flasche – geht es kaputt, droht Unheil vielfältiger Art: Trinkt ein Mann aus einem Glas, das bereits einen Sprung hat, werden seine Kinder krank.

Beim Anstoßen gilt es zwar, durch den Lärm die bösen Geister zu vertreiben, bricht aber eines dabei entzwei, konzentriert sich das Pech auf den, der es hält.
Passiert so etwas am Heiligen Abend, droht demjenigen innerhalb eines Jahres der Tod, der zuletzt aus dem Glas trank.

Zu viele Gefahren lauern also in diesem fragilen Stoff. Deshalb darf gerade ein Brautpaar niemals zur Hochzeit etwas Gläsernes geschenkt bekommen. Nicht nur, dass die vielen Regeln unweigerlich Unglück auf das Ehepaar lenken, es heißt außerdem, dass Glas ein baldiges Ende der Beziehung einläutet, die Ehe also zerschneidet. Das Gleiche soll übrigens auch für Freundschaften gelten.

Vielleicht entstand ja aus den Erfahrungen falscher Geschenke heraus das geflügelte Wort: „Glück und Glas – wie leicht bricht das!“

»Geschenkte Kaffeetassen bringen die Hiebe des Ehemannes«

Geschenke zur Hochzeit bergen Tücken, erst recht hinsichtlich des Aberglaubens. Da ja eine Ehe früher bis zum Tode bestand, sollte sie zumindest einigermaßen glücklich verlaufen.

Mit diversen Regeln hoffte sich das Volk damit zu behelfen. Doch Garanten waren sie alle nicht. So dürfen Messer nicht verschenkt werden, weil sie die Freundschaft zerschneiden. Geschenke aus Glas zerbrechen die Ehe. Und auch ein Kaffeeservice bringt der Braut nur einen prügelnden Mann.

Warum? Vielleicht weil der Kaffee als orakelndes Getränk zu allerlei Verhaltensweisen beim Kochen, Zubereiten und Trinken verführte, die Verschwendungssucht an den Tag legte oder ein Eheweib heraufbeschwor, das aus dem Kaffeesatz die Zukunft las – und das war bei den Mannsbildern früherer Zeiten streng verpönt, die eine züchtig untertänige Frau bevorzugten, die ihnen das Leben bequem machen sollte.

Übrigens soll eine Frau lieber nicht vor den Altar treten, wenn sich vor der Kirche die Hunde verbeißen oder die Hähne zanken:

Das deutet auf einen nicht gerade zärtlichen Mann hin.
Schenkt er ihr noch eine Perlenkette, ist das Elend besiegelt:
Denn dann werden reichlich Tränen fließen.

»Zucker auf dem Fensterbrett lockt den Klapperstorch an«

Dass der Klapperstorch die Kinder bringt, glauben heute nur noch die Jüngsten. Früher sangen auch ältere Kinder:

„Storch, Storch, guter, bring mir einen Bruder.
Storch, Storch, bester, bring mir eine Schwester.“,

und legten Zuckerstückchen aufs Fensterbrett, denn die lockten Meister Adebar an. Dieser biss der Frau des Hauses ins Bein, um den baldigen Nachwuchs anzukündigen. Wenig später kam er mit dem Kindlein angeflogen.

Dass die Störche mit dem Nachwuchs in Verbindung gebracht wurden, lag sicher daran, dass die Vögel gern an Tümpeln und Mooren auf die Jagd gehen. Dort halten sich die Seelen der Menschen auf, auch die der Ungeborenen, glaubten die Ahnen. Neben seinem Ruf, Kindersegen zu spenden, galt der Storch durch alle Zeiten hindurch als Glücksbringer und Symbol für den Frühling und das Erwachen der Natur – jedenfalls, wenn er flog. Stand er aber oder putzte sich, waren alle guten Wünsche vergebens, denn Unheil sollte folgen. Dagegen schützte er ein Haus, auf dem er nistete, vor Blitz und Feuer und brachte

reichlichen Kindersegen. Könnte er übrigens auch heute noch – wenn alle an ihn glauben würden!

»Wer den Namen vor der Geburt nennt, zieht Unglück aufs Kind«

Rumpelstilzchen und Lohengrin hielten ihre Namen geheim und hatten gute Gründe dafür. Ahnten sie doch, dass diejenigen, die den Rufnamen eines Menschen kennen, Macht über ihn haben und allerhand Zauber anwenden, egal ob aus Liebe oder Hass.

Dass die Benennung außerdem der Schlüssel zum Charakter sein soll, geht auf die alten Römer zurück, die bereits vom „nomen est omen" wussten. Auch verraten heute die gewählten Namen mitunter ganz genau, welche Erwartungen Eltern an ihre Sprösslinge haben. Doch egal, ob die Patrone Könige, Fußballer oder Popstars sind: Genannt werden darf der Name erst nach der Geburt des Kindes – und zwar aus Gründen des Selbstschutzes. Früher galt dieser Grundsatz sogar bis zur Taufe. Neugeborene sind nämlich bis zur ersten Segnung eine begehrte Beute für Feen und böse Geister – aber nur dann, wenn diese wissen, wie das Kind heißt.

Dass der häufige Tod bei Säuglingen oder Kleinkindern auf Infektionen und medizinische Komplikationen zurückzuführen war, die heute kaum noch eine Rolle spielen, war nicht bekannt. Wer allerdings noch immer an den Einfluss fremder Mächte glaubt, für den gilt:

Stillschweigen bis zum freudigen Ereignis zu bewahren. Denn etwas zu beschreien, bringt ja bekanntlich ebenfalls Unglück ...

»Wer am Tischbein sitzt, bekommt eine böse Schwiegermutter«

Der bekannteste Altar im Haus ist der Tisch. Voll beladen stellt er manchen Opferschrein in den Schatten. Früher erhielten die Hausgeister hier täglich ihre kleinen Opfer und gewöhnten sich an Platz und Ritual derart, dass sie kein Verrücken des Tisches erlaubten. In den Raunächten musste er deshalb vielerorts sogar festgebunden werden, damit die Dämonenhorden keinen Unfug mit ihm anstellten und so alles durcheinander brachten.

An solch einem wichtigen Platz gab und gibt es natürlich eine feste Sitzordnung. Hausherr und -herrin thronen quasi an den Enden, während an den Ecken und vor den Tischbeinen diejenigen sitzen, die nicht aus der Familie „herausrutschen" können, seien dies verheiratete Familienmitglieder oder Gäste.

Kommen Unverheiratete an diesem Platz zum Sitzen, droht ihnen allerdings keine erbauliche Zukunft: Hochzeit erst nach sieben Jahren, ein buckliger oder verwitweter Ehepartner – oder die böse Schwiegermutter. Vor ihr galt es sich in früheren Zeiten tatsächlich zu fürchten. Junge eingeheiratete Ehefrauen hatten nämlich in der Familie nichts zu sagen. Das Regiment führte die Schwiegermutter – und zuweilen nicht gerade freundlich.

Heute leben Paare weitgehend autark. So dürfte sich die Angst vor dem Omen des Tischbeins überholt haben. Außer: Der Ehegatte entpuppt sich als ein rechtes Muttersöhnchen. Aber da ist eh' alles zu spät!

»Wer den Kochlöffel ableckt, heiratet in die Fremde«

In die Fremde ziehen zu müssen war früher nicht immer erwünscht. Blieb die Familie zusammen, florierte der Hof und sorgte für Kinder, Erwachsene und Alte. Töchter heirateten in eine neue Familie ein, die wohl im Nachbardorf, aber nicht in der Fremde wohnte. Die drohte nur denjenigen Mädchen, so hieß es, die während des Kochens den Löffel ableckten. Da das Zubereiten einer Mahlzeit als heilige Handlung galt, war es gedankenlos, den Kochlöffel abzuschlecken. Darauf konnte nur eine Strafe folgen, eben die, in die Fremde heiraten zu müssen.

Drohte dies einem Mädchen, so sollte es immerhin versuchen zu erfahren, woher denn der Liebste kommen würde. Dafür kniete es sich in der Andreasnacht (30. November) unter einen Birnbaum und horchte an einem Astloch. Hörte es nun einen Hund bellen, war dies die richtige Himmelsrichtung. Tat sich nichts, blieben noch drei andere zur Auswahl. Nun half vielleicht ein Marienkäfer, der sich auf ihrer Hand niederließ. Flog er nämlich wieder fort, dann schnurstracks in die Richtung, in der die künftige Heimat liegen sollte. Außerdem: Besser den Löffel abgeleckt und überhaupt geheiratet. Lacht nämlich ein Mann ins Glas, bleibt er ledig!

»Wird ein Säugling über den Friedhof getragen, stirbt er bald«

Friedhöfe sind nicht nur unheimlich, sondern auch zu bestimmten Zeiten wie der Mittagsstunde oder Mitternacht zu meiden. Denn dann lauern dort nicht nur die Toten, sondern auch die bösen Geister. Deshalb sind Gottesacker für Säuglinge absolut tabu, heißt es doch nach altem Volksglauben, dass es den baldigen Tod des Kindes bedeutet, wenn es über einen Friedhof getragen wird.

Säuglingen wurde eine besonders starke Verbindung zu der Welt des Übernatürlichen nachgesagt. Und je jünger die Kinder, desto größer sei deren Affinität zu den Geistern, denn schließlich kamen ihre Seelen durch die Geburt gerade erst aus einem derartigen Reich. Auch dadurch galten sie als äußerst verletzlich und aufgrund ihrer Naivität durch böse Mächte gefährdet.

Zu erklären ist die Angst um ihre Säuglinge aus der Sterblichkeitsrate, die früher sehr hoch war und vor der sich die Menschen mit einer Reihe von Maßnahmen schützen wollten. Übrig blieb ihnen oftmals der Aberglaube: So wurde als Abwehr des bösen Blicks ein Korallenamulett empfohlen. Auch ein eiserner Gegenstand oder Dostkraut in der Wiege hielten angeblich die Dämonen ab. Und da die Neugeborenen generell vor allen üblen Einflüssen

beschützt werden sollten, galt der Ausflug auf einen zugigen Friedhof auch aus medizinischer Sicht eher als gefährlich. Wird heute das Kind entsprechend warm eingepackt, kann jeder selbst entscheiden, ob er den Geistern Macht geben möchte.

»Der Ehering am Finger des Toten zieht den Partner mit ins Grab«

Ein Symbol für ewige Liebe und Treue soll er sein: der Ehering. Er wird am Ringfinger getragen, da diesem eine besonders starke Verbindung zum Herzen nachgesagt wird.

Zudem gilt er auch als ein abergläubischer Garant für die Verbundenheit zwischen den Ehepartnern. Deshalb heißt es, auf diesen Bürgen des Bündnisses besonders Acht zu geben, denn verliert ihn einer der Eheleute, bedeutet dies das Ende der häuslichen Harmonie. Auch bringt das Nichttragen, egal mit welcher Ausrede („Aber Schatz, ich habe doch eine Goldallergie!"), Streit und Unfrieden. Zieht gar ein anderer den Ring vom Finger, streift der das Glück mit ab. Und stirbt einer der Partner, muss der Ring vor dem Begräbnis abgenommen werden, sonst wird der Überlebende innerhalb eines Jahres mit ins Grab gezogen. Der „übrig gebliebene" Ring darf natürlich nicht verkauft werden – und das nicht nur aus pietätvollen Gründen dem verblichenen Ehepartner gegenüber. Früher steckten die Witwer und Witwen den zweiten Ring zu ihrem dazu, als Zeichen ihres Standes.

Konnten sie auf eine glückliche Ehe zurückblicken, vererbten oder verschenkten sie den Ring an ihre Kinder oder Enkel und

reichten damit symbolisch und etwas wundergläubig das Glück weiter. War die Ehe weniger glücklich, so gab es zumindest für betrogene Eheleute einen Trost: Untreue Partner sollten nach ihrem Tode zum Geistern verdammt gewesen sein – hieß es!

»Im Wein liegt Wahrheit«

Wein ist kein gewöhnliches Getränk. Nach seinem Genuss scheint vieles anders. Das dachten sich auch unsere Vorfahren und hießen ihn das Blut der Götter oder zumindest einen göttlichen Saft.

Nicht erst im Christentum belebte er den Gottesdienst, schon in der Antike opferten die Genießer nach jedem Glas ein paar Tropfen davon den Geistern. Oder sie führten mittels seiner Wirkung orgiastische Rauschfeste durch, bei denen sie sich ihren Göttern näher fühlen wollten. Im frühen Mittelalter übte er – erhitzt und mit verschiedenen Kräutern gemischt – seine Magie als Heilmittel aus. Und noch bis in die Anfänge des 20. Jahrhunderts hinein kam er nur bei besonderen Anlässen auf den Tisch. Immer galt der Rebensaft als ein wahrer Orakeltrunk. Beim Hochzeitsmahl musste das Brautpaar aus einem Glas trinken, um künftige Harmonie zu sichern. Verschüttete es dabei einige Tropfen, verhieß das reichlichen Kindersegen.

Übrigens: Bildet sich beim Einschenken ein runder Schaumfleck im Glas, gibt es am gleichen Tag einen Kuss. Gewissermaßen das Gegenteil trifft allerdings ein, wenn ein noch halb volles

Glas nachgeschenkt wird. Dann drohen sieben Jahre ohne Liebschaft. Doch damit ist nicht die Wahrheit gemeint, die im Wein liegen soll. Vielmehr kommt diese nach einigen Gläschen manchem locker über die Lippen – vielleicht auch lockerer, als gut wäre!

»Wer an Fastnacht Bier trinkt, lebt länger!«

Bier erfreut sich seit langem an Beliebtheit. Bereits vor 5 000 Jahren tranken es unsere Urahnen auf der ganzen Erde, gebraut aus Gerste, Hirse, Reis oder auch Mais. In Europa verbreitete sich – nicht zuletzt durch die grandiose Braukunst der Mönche – der Gerstensaft.

Bier galt als rechtes Volksgetränk, was auch sein Name besagt, der vermutlich vom vulgärlateinischen Wort „biber“ abstammt, was Trank heißt. Aber seine Bedeutung ging über das reine Durstlöschen hinaus. So war es lange Zeit Brauch, einen Vertrag mit Bier zu bekräftigen. Bis heute gilt, den Schaum beim Trinken etwas wegzublasen, weil die Hexen und Gnome dort am liebsten ihre Nase hineinstecken und wir ihnen dann schutzlos ausgeliefert wären. Es sei denn, wir sind bereits betrunken, dann wirken deren Zaubereien nicht. Gar ein uneheliches Kind droht demjenigen Mädchen, das ein volles Glas umstößt.

An bestimmten Tagen wirkt der Gerstensaft besonders stark: Wer zu Fastnacht Bier trinkt, lebt länger, sagte der Volksmund, und Biertrinken an Neujahr verjüngt. Aber auch die Geister sind ganz versessen aufs Bier und danken ein derartiges Opfer vor allem am

Donnerstag. Wird dies vergessen, könnten sich ansonsten die armen Biester in Bierfässern, Kellern oder Vorratskammern auf der Suche nach einem begehrten Schluck lauthals jaulend herumtreiben.

»Brot und Salz zum Einzug bringen das tägliche Brot ins Haus«

Brot und Salz sind lebensnotwendig. Ohne Brot zieht der Hunger ins Haus und ohne Salz das Unglück. Außerdem schmeckt das Essen nicht. Tatsächlich scheint es kein Rezept zu geben ohne die obligatorische Prise Salz. Es verstärke den Geschmack, wird behauptet – was doch bloß Aberglaube ist. Zurück geht die Sitte nämlich auf eine simple Taktik: Salz sollte böse Geister abhalten, ihr Unwesen zu treiben. Da diese angeblich kein Salz besitzen, greifen sie nach jedem Körnchen, was sie vom Schabernack ablenkt.

Zudem stimmt die Gabe der Menschen die hauseigenen Geister milde – das sollte bei jeder Speise beachtet werden! Fremde Dämonen wehrt ein einfacher Trick vom Haus ab: etwas Salz auf die Türschwelle streuen. Die bösen Wesen halten inne, zählen die Körner und heben sie auf. Darüber vergessen sie all ihre finsteren Pläne. Schon deshalb erhielt der kostbare Rohstoff den Beinamen „weißes Gold" – zumal er eben auch recht teuer war. Das tägliche Brot sicherte einst das Überleben. Denn genug zu essen gab es bei weitem nicht in jedem Haushalt! Daraus folgte sein hoher Stellenwert. Brot galt als magisch, wurde von Jesus im heiligen Ritual gebrochen, konnte orakeln, Unheil abwehren und musste den Geistern als Opfer gebracht werden. Vor allem zum Einzug galt es, die Zauberwelt auf seine Seite zu ziehen: mit etwas Brot und Salz als

Gabe! Bis heute hat sich das Ritual erhalten, welches alle sichtbaren und unsichtbaren Wesen im neuen Heim begrüßen soll. Und reichlich Salz kann sowieso nie schaden. Wenn das nämlich im Hause ausgeht, geht auch das Geld aus – und damit nicht nur das Brot!

»Wer das Brot schief schneidet, ist ein Lügner!«

Brot ist unser tägliches Nahrungsmittel. Bevor die Überflussgesellschaft es aus dem rechten Licht rückte, galt es sogar als heilig. Schließlich verglich es die christliche Kirche nicht umsonst mit dem Messias.

Aber auch im Aberglauben spielt es eine herausragende Rolle. Schon die Zubereitung – also der Knet- und Backvorgang – ist für jede Hausfrau eine Weissagung. Da früher nicht jede Woche gebacken wurde, galt selbst der kleinste Nieser als Orakel und konnte dem Tod eines Familienmitgliedes entsprechen. Ebenso gefährlich war, neben dem Brot zu fluchen. Das bedeutete die Missachtung der Gabe und konnte nur Unheil nach sich ziehen!

Ist das Brot dann gebacken, gibt es bis heute zahlreiche Regeln zu beachten: Auf dem Tisch muss der Laib stets mit der flachen Seite nach unten liegen. Ansonsten mühen sich die armen Seelen, es umzudrehen – erkennbar am Schaukeln des Brots. Im Brotkorb oder Kasten sollte es nicht offen herumstehen, um es vor bösen Einflüssen zu schützen. Und ragt es über die Tischkante, drohen Krankheiten im Haus. Kleinere Brotlaibe sind zu brechen, da das Schneiden nicht so einfach ist. Der Anschnitt gebührt jedenfalls immer dem Hausherrn, der das Stück jedoch teilen muss, sonst

wird er zum Geizhals. Legt er ihn aber zurück, darf der Anschnitt nicht zur Tür zeigen, denn sonst verlassen Glück und Nahrung das Haus. Und: Wer eine schiefe Scheibe schneidet, soll kurz vorher gelogen haben.

SALZ

»Salz soll man nicht verschütten«

Salz ist unerlässlich zum Kochen, Backen, für Tiernahrung und das Weihwasser. Über Jahrhunderte galt es deshalb als kostbares und vor allem heiliges Gut. Der Umgang mit dem „weißen Gold“ garantierte Macht und Reichtum. Und so schnitt der rege Handel im Mittelalter Salzstraßen in das Land, an denen mächtige Städte entstanden.

Geweihtes Salz besitzt außerdem die Fähigkeit, böse Geister und jegliches Unheil abzuwenden. Seinen magischen Kräften scheinen die finstren Mächte allenthalben nichts entgegensetzen zu können.

Kein Wunder also, dass es bis heute als schlechtes Omen gilt, etwas von dem kostbaren Gut zu verschütten. Je nach der Menge des verschwendeten Salzes richtet sich die Stärke des Unglücks. Und bei einer Hochzeit oder zu Silvester garantiert diese Unachtsamkeit ein hartes Leben für die kommenden Jahre.

Nur zu einer Gelegenheit sei es gestattet, Salz zu verschütten: Wirft ein kranker Mensch rückwärts Salz und Brot in einen Fluss, spült der sein Leiden weg ...

»Die Zukunft liegt im Kaffeesatz«

Kaffee eignet sich hervorragend zum Weissagen: Er stammt aus exotischen Gefilden, schmeckt bitter und lässt am Grund einen schwarzen Rest zurück. Und gerade dieser hat es den professionellen Wahrsagerinnen angetan. Sie erkennen in recht komplizierten Symbolen, was so die Zukunft bringen wird. Ein Laie wäre mit der Deutung überfordert.

Obwohl das Getränk erst seit knapp 300 Jahren in unseren Breiten populär ist, hielt es recht schnell seinen Siegeszug im Aberglauben. Ein solch schwarzes Getränk muss einfach prophetische Eigenschaften besitzen. Das beginnt schon beim Mahlen: Springt eine Bohne aus der Kaffeemühle, so steht bald Besuch vor der Tür. Liegt viel Satz am Boden, gibt es viele Tränen, und schließt eine Frau den Kannendeckel nicht richtig, so laufen ihr die Männer davon. Letzteres kann wohl als erzieherische Maßnahme des Patriarchats für angehende Hausfrauen verstanden werden: Kühlt der Kaffee nämlich zu schnell ab, wird er nicht mehr getrunken. Und wer so verschwenderisch ist, hieß es, kann keine ordentliche Haushaltsführung betreiben.

Um doch noch Verwendung für den kalten Rest zu finden, entstand wohl die Idee, ihn eitlen Mädchen als Schönheitsmittel zu empfehlen. Doch das ist eine andere Geschichte ...

»Kalter Kaffee macht schön«

Er schmeckt scheußlich, soll aber eine phänomenale Wirkung haben: der kalte Kaffee. In großer Menge getrunken, verspricht er nämlich das Aussehen zu verschönern. Dabei ist Kaffee noch gar nicht allzu lange in Europa bekannt. Seit dem sechzehnten Jahrhundert im Adel eingeführt, setzte er sich erst vor etwa dreihundert Jahren als Volksgetränk durch. Zugleich entwickelte sich eine Vielzahl an Bräuchen. So heißt es eben, dass kalter Kaffee schön mache – ohne Milch und Zucker, versteht sich. Außerdem soll er gegen Sodbrennen und Schluckauf helfen.

Darüber hinaus gibt es einiges beim Kaffeeklatsch zu beachten: Wird eine halb volle Tasse nachgeschenkt, droht eine böse Schwiegermutter. Wer als Erste oder Erster etwas vom Kaffee in der Runde verschüttet, würde auch zuerst heiraten. Entsteht beim Eingießen eine Blase, gibt es bald einen Kuss. Bei vielen Blasen gibt es viele Küsse – und zwar aus der Richtung, in die sie schwimmen. Außerdem sollten Mädchen niemals die Milch vor dem Zucker in die Tasse gießen, sonst enden sie als alte Jungfer. Und fällt ein Stück Kuchen in die Kaffeetasse, heißt dies: ein weiteres Gedeck auflegen. So kündigen sich nämlich Gäste an.

»Spitze Nas' und spitzes Kinn, da sitzt der lebendige Teufel drin!«

Die Nasenspitze verrät es. Ob jemand lügt, intelligent ist oder verlogen: Die Form der Nase lässt auf jeden Fall Rückschlüsse auf den Charakter zu. Das wussten schon die alten Römer, die Menschen mit Adlernasen als besonders kühn, stolz und freigiebig einstuften. Stumpfe Nasen hingegen deuteten sie als Zeichen für ein wankelmütiges und falsches Wesen. In fast allen Kulturen galt: Je größer die Nase, umso besser der Charakter und zumindest die Intelligenz. Kleine Nasen hießen niedrige Gesinnung.

Was heute vielleicht die Art der Kleidung, der Beruf oder das Hobby über den Charakter eines Menschen andeuten, musste früher der erste Blick auf die Physiognomie offenbaren. Schließlich kleideten sich die Menschen entsprechend ihres Standes, hatten weitaus weniger Zeit für diverse Freizeitbeschäftigungen und hielten sich auch sonst eher bedeckt. Da sollte der Kenner-Blick ins Gesicht das Gegenüber identifizieren: gut oder böse – ehrlich oder verlogen?

Ist die Nase allerdings außergewöhnlich lang und krumm, handelt es sich womöglich um ein rechtes Schlitzohr. Kommt dann noch ein spitzes Kinn hinzu, kann der Teufel hier wohnen.

Auf jeden Fall liebt dessen Träger oder Trägerin die übelsten Machenschaften, wie jedes Kind weiß. Denn die längsten und krummsten Nasen haften nun einmal den allerbösesten Hexen im Gesicht!

»Rote Haar' und Sommersprossen sind des Teufels Volksgenossen!«

Nicht nur die Nasenspitze, sondern auch die Haare verraten angeblich den Menschen. Rothaarige sollen seit jeher mit dem Teufel und Dämonen im Bunde stehen, gelten als jähzornig und gefährlich, in Verbindung mit Sommersprossen außerdem als hässlich. Frauen mit roten Haaren wurden früher als Hexen beschimpft und im Mittelalter qualvoll gefoltert und ermordet. Allein die Tatsache, dass die Haarfarbe selten auftrat, war Grund für Diskriminierung.

Heute sind Rothaarige noch immer geheimnisvoll – aber auch schick. Um so zu wirken, färben sich Frauen ihre Haare künstlich nach: Schließlich soll es etwas Besonderes sein.

Warum das Restfell auf dem Kopf allerdings einen hohen Stellenwert in der Schönheitsindustrie einnimmt, ist wohl auf die Unsicherheit des Menschen zurückzuführen. Die Art der Haarpracht lässt das Gegenüber so schön in Schubladen stecken, denn im Märchen sind Prinzessinnen blond und die bösen Stiefmütter schwarzhaarig. Wie gut das wirkt, machen die Blondinenwitze deutlich. Und mit der richtigen Frisur und Haarfarbe fühlen wir uns up to date.

Das gerade aktuelle Schönheitsideal – egal für welche Szene – gibt es übrigens jeweils für Frau und Mann und kann im nächsten Jahr durchaus wieder „rot" sein ...

»Beim Gähnen hält die Hand vorm Mund den Teufel fern«

Beim Gähnen gehört die Hand vor den Mund. Schon aus gutem Benehmen und Anstand heraus, um nicht das Gegenüber mit dem offenen Rachen zu kompromittieren.

Abergläubisch gesehen gilt dies außerdem zur Vorsicht. Durch den gähnenden Mund kann nämlich der Teufel in den Körper eines Menschen fahren. Für einen Beelzebub ist es sicher ein Leichtes, als Fliege oder anderes Kleingetier getarnt oder auch unsichtbar dort entlang bis zur Seele vorzudringen und sich dieser zu bemächtigen.

Durch den offenen Mund, so glauben wieder andere, könne hingegen auch die Seele nach außen entweichen, wenn ihr nicht Einhalt geboten würde – eben durch die Hand. Sie im rechten Moment vor den Mund zu platzieren, bringt also zweierlei Schutz.

Trotzdem gilt das Gähnen eher als unfein. Zwar sollen sich angeblich zwei Menschen besonders gut verstehen, wenn sie zufällig zur gleichen Zeit gähnen. Der Grund für den Reflex ist jedoch ein anderer: Einzelne Muskeln ziehen sich zusammen und

lösen das Gähnen aus, sobald Sauerstoffmangel im Atemzentrum herrscht. Was also beide Gähner tatsächlich miteinander verbindet, ist ihre Müdigkeit. Trotzdem kann es auch dann nicht schaden, den Teufel außen vor zu lassen.

»Juckt die Nase, steht Besuch ins Haus!«

Welchen Sinn hat der Juckreiz? Er ist unangenehm und scheint – außer es handelt sich um einen Ausschlag, eine Infektion oder eine andere Krankheit – überflüssig. Da also der äußere Zweck fehlt, muss diese Plage wohl etwas Übersinnliches haben. So dachten sich jedenfalls die Vorfahren und sprachen dem Juckreiz an den unterschiedlichen Körperstellen jeweils eine eigene Bedeutung zu.

Viel zu orakeln gab es an der Nase: Juckt sie, steht Besuch ins Haus und nicht immer ein angenehmer. Oder es gibt Neuigkeiten. Juckt die Stirn, kommt auf jeden Fall ein fremder Mensch zu Besuch. Jucken die Ohren, verheißt das am rechten nur Übel, am linken dagegen Erfolg. Juckt die rechte Hand, wird Geld ausgegeben, bei der linken wird welches eingenommen. Jucken die Füße, geht es auf Reisen. Jucken die Hühneraugen, kommt schlechtes Wetter. Und juckt der Hintern, gibt es Prügel.

Aber der Mensch ist leicht zu überlisten. Kratzt sich der Nachbar die Haare, juckt es einen selber dort. Denn schon der Gedanke daran reicht, um den Reiz auszulösen. Doch mit dem Jucken ist es wie mit dem Glücksklee und dem Hufeisen: Es muss von selber kommen, sonst wirkt es nicht.

Wie leicht wäre es sonst, Besuch zur rechten Zeit einzuladen. Wir bräuchten nur kräftig an eine juckende Nasenspitze zu denken!

»Schluckauf sagt dir, dass jemand an dich denkt!«

Klingeln im Ohr, Jucken der Nase oder Schluckauf – es gibt viele Möglichkeiten, an denen wir merken, ob jemand über uns spricht oder an uns denkt.

Für die Bedachten ist der Schluckauf allerdings eine rechte Plage. Krampfartig zieht sich dabei das Zwerchfell zusammen, wir müssen ruckhaft einatmen – und sollen uns vielleicht noch freuen, dass da jemand intensiv an uns denkt? Vielleicht eine verborgene Liebelei oder Bewunderung? Wohl eher nicht. Bei dieser Pein liegt es näher zu glauben, dass sie auf kein gutes Denken hinweist.

Vielleicht stimmen auch die Ahnungen, dass den Schluckauf ein Dämon verursachen soll. Der hat sich in den Körper eingenistet, quält heftig und kann nur mit den passenden Zauberformeln vertrieben werden. Während des Bannsprechens muss mit angehaltenem Atem wahlweise über einen Bach gehüpft, einen Steg entlangbalanciert oder auf der Stelle gesprungen werden. Auch ein Glas Wasser, langsam getrunken, soll heilsame Wirkung versprechen. Hilft das alles nicht, dann vielleicht ein kräftiger Schrecken. Womöglich genügt dazu, sich vorzustellen, was jemand von einem so alles denken könnte ...

»Klingelt's im Ohr, wird über dich geredet!«

Wer hat nicht Angst davor, dass über einen so allerhand üble Sachen geredet werden? Ein deutliches Zeichen, dass dies passiert, soll das Klingeln im Ohr sein. Das kann sich zwischen leichten Tönen, Pfeifen bis hin zum Dröhnen zeigen – eben genauso vielfältig, wie gesprochen wird. Hält das Ohrgeräusch allerdings an, handelt es sich wohl um Tinnitus, eine Krankheit, die dringend vom Facharzt behandelt werden muss.

Eine andere Art des Klingelns ist das Klingen fremder Stimmen, die recht viele Menschen klar und deutlich verstehen (und die ebenfalls zu einem Krankheitsbild gehören). Diese Stimmen können nach Traumata, unterdrückten Gefühlen oder anderen Extremsituationen auftreten und flüstern allerhand Dinge ein – mal verständlich, mal nicht. Unsere Vorfahren dachten noch, dass sich ein kleines Männchen, ein Dämon oder Teufelchen ins Ohr eingeschlichen habe, um zu tyrannisieren, und hatten sicherlich den einen oder anderen Bannspruch parat. Heute hilft in den meisten Fällen der Psychologe oder Mediziner ...

Leichte Ohrgeräusche hat sicher schon jeder gehört. Die treten tatsächlich mal links und mal rechts auf. Dass es sich dabei um

ein Omen oder eine Botschaft handelt, die übernatürliche Kräfte an uns senden, ist klar. Die Übersetzung lautet: Klingelt's im rechten Ohr, gibt es eine schlechte, klingelt's im linken Ohr, gibt es eine gute Nachricht. Welches Klingeln allerdings gemeint ist, wissen wir nicht.

»Der erste Traum im neuen Bett – merk ihn dir!«

Traumlose Nächte gibt es nicht. Wir vergessen nur die nächtlichen Filme, die vor unserem Auge ablaufen – so meint jedenfalls die Wissenschaft. Fast zwanzig Prozent nehmen die Träume in der Schlafphase ein und lassen uns den Alltag verarbeiten, vor allem in symbolischen Formen.

Andere glauben jedoch, dass die übersinnlichen Kräfte in den Träumen unser Schicksal und unsere Zukunft zeigen. Wir müssen sie nur richtig deuten. Und an Schlüsseltagen wie Neujahr, Geburtstagen oder in einem neuen Bett wird besonders viel und anschaulich orakelt. Dabei sind die Symbole nicht immer leicht zu deuten. Babylonier, Assyrer, Ägypter und Griechen kannten sich schon vor der christlichen Zeitrechnung damit aus. Ab dem 2. Jahrhundert kursierten dann die ersten Traumdeutungsbücher, die eine Weissagung ermöglichen sollten.

Übrigens: Damit die Orakel nicht verloren gehen, sollte man sie morgens sofort aufschreiben, um anschließend im Buch nachzuschauen. Schließlich handelt es sich um die Zukunft! Wird etwa von einem Diamanten geträumt, steht eine glänzende Zeit bevor. Fällt man im Gefecht, gilt es, ein Projekt einzustellen,

und werden Enten gefangen, ist jetzt der richtige Zeitpunkt, um ins Aktiengeschäft einzusteigen ...

»Träume, die man dreimal träumt, gehen in Erfüllung!«

Träume können vieles sein. Sie erzählen uns angeblich einiges über unsere Zukunft, sie verarbeiten unser Alltagsleben und sie kleiden unsere Wünsche und Sehnsüchte in Symbole. Diese richtig zu deuten, ist eine Kunst für sich.

Wird nun ein Traum dreimal geträumt, lohnt es sich, ihn zu entziffern. Denn laut alter abergläubischer Regel geht dieser ganz bestimmt in Erfüllung. Handelt es sich dabei um einen lang gehegten Wunsch, so ist es nicht verwunderlich, dass er immer wieder auftaucht. Schließlich beeinflusst er unser Unterbewusstsein. Orakelt der Traum allerdings ein Unglück, welches dann tatsächlich eintrifft, so können wir nur vermuten, dass es wohl doch Traumgeister gibt, die uns warnen wollen.

Aber wer weiß am nächsten Morgen schon, was ihm oder ihr immer so träumte? Und: Ist manch schrecklicher Albtraum tatsächlich eins zu eins zu übersetzen? Wie gut, dass es laut Sigmund Freuds „Traumdeutung“ in unserem Unbewussten eine Traumzensur gibt. Wer weiß, was uns sonst so träumen würde. Und das dann dreimal hintereinander wäre doch recht fatal!

»Wer beim Uhrschlag Grimassen schneidet, dem bleiben sie stehen!«

Eine Grimasse ist schnell gezogen. Augen verdrehen oder Zunge herausstrecken machen uns in manchen Situationen das Leben leichter. Schlägt dabei die Uhr, kann das allerdings fatal enden: Die Grimasse bleibt stehen und wir müssen zeit unseres Lebens entstellt durch den Alltag gehen, schielend, sabbernd und hässlich.

Warum das so ist? Die Uhr besitzt enorme Kräfte. Ihr Schlagen ähnelt dem Puls des Herzens. Und deshalb wird sie angehalten, wenn ein Familienmitglied stirbt. Auch dem Lebensrhythmus der Familie scheint der Gang der Uhr zu entsprechen. Schlägt sie öfter, gibt es ein großes Unglück. Bleibt sie stehen, wird jemand sterben. Und schneidet jemand Grimassen beim Uhrschlag, dann bleiben diese stehen.

Neben der Kraft der Uhr kann natürlich auch der Schrecken über den einsetzenden lauten Gong der Grund sein. Tatsächlich handelt es sich wohl aber um einen erzieherischen Spruch, denn derartige Fratzen zu schneiden, galt als dämonisch. Die Verbindung zum Teuflischen lag nahe. Auch das laute Lachen und ausgelassene Grimassieren waren weder bei sittlicher Frömmigkeit noch im Adelsstand erlaubt. Schielende Menschen hatten es außerdem in

der Vergangenheit alles andere als leicht: Sie galten als neidisch, falsch und sollten das geheimnisvolle zweite Gesicht besitzen. Damit sahen sie angeblich in die Zukunft und wussten demnach mehr als die anderen, was bekanntlich Angst macht.

»Wer zu lange in den Spiegel sieht, dem schaut der Teufel über die Schulter!«

Wer kennt nicht die eitel fragenden Blicke in den Spiegel: Sitzt die Frisur und wie steht es mit der Schönheit?

Doch wer es damit übertreibt, soll die Fratze eines Dämons, einer Hexe oder gar das Antlitz des Teufels heraufbeschwören. Vielleicht passierte dies Schneewittchens Stiefmutter, die immerfort den magischen Spiegel um Auskunft bat: „Spieglein, Spieglein an der Wand, wer ist die Schönste im ganzen Land?“ Dass die Antwort der finstere Gesell aus der Hölle gab, liegt nahe – zumindest für den braven Christenmenschen. Denn die Eitelkeit galt als Sünde für Gläubige, die wohl auch diesen Spruch in die Welt setzten, um dem Laster entgegenzuwirken.

Die gefährlichste Zeit für den Spiegel-Blick liegt übrigens zwischen 23:00 Uhr und Mitternacht!

Aber nicht nur der Teufel schaut heraus, auch die Seele kann sich im Spiegel fangen. Daher kam der Brauch, alle Spiegel zu verhängen, wenn jemand im Haus starb. Wird dies versäumt, so bleibt die Seele des oder der Toten im Spiegel hängen und geistert fortan ruhelos im Haus umher.

Auch Zerschlagen hilft da nicht, denn das bringt sieben Jahre Pech!

»Reise nie an einem Montag!«

Schon unsere Vorfahren wussten: Der Montag hat es in sich. Alles, was an diesem Tag begonnen wird, ist im Voraus zum Scheitern verurteilt.

Schuld daran ist der Mond, der dem Wochentag seinen Namen gab und damit seine Unbeständigkeit, die er als Scheibe am Himmel zeigt, auf den ganzen Tag überträgt. Am besten wäre also, am Montag nichts zu beginnen, das von Dauer sein soll. So kann das Pech des Tages weder in die Woche noch auf eine Reise „mitgenommen" werden.

Hinzu kommt, dass der Mond mit allerlei finsteren und zwielichtigen Gestalten in Verbindung zu stehen scheint. Im Volksmund heißt er sogar „Diebessonne", weil er nächtens die Diebeszüge der Gauner beleuchtet. Folglich eignet sich der Tag, der nach dem trügerischen Erdtrabanten benannt wurde, außerordentlich gut für sämtliche Gaunereien.

Gründe genug, um am Wochenanfang der berühmten „Montagskrankheit" zu verfallen und gleich zu Hause zu bleiben. Das Vorverlegen diverser Unternehmungen scheint nämlich auch keinen Ausweg aus dem Dilemma zu bieten: Der Freitag ist noch schlimmer!

MONTAG

DIENSTAG
Hoch

»Dienstags-Ehen halten lange«

Der Dienstag ist der Tag des germanischen Gottes Ziu, von den Römern mit Mars gleichgesetzt, dem Gott des Schwertes und des Tribunals und bis ins letzte Jahrhundert daher traditioneller Gerichtstag.

Mit seiner Kraft für Entscheidungen eignet sich dieser Wochentag bis heute für Unternehmungen, die Durchsetzungsvermögen und Energie erfordern. Der erste Tag in der neuen Arbeitsstelle ist ein Dienstag? Dann wird die Arbeit gut von der Hand gehen und Erfolg bringen.

Weil das Gleiche auch für die Schule gilt, beginnt in Bayern jedes Schuljahr mit einem Dienstag. Auch ein Umzug an diesem Tag garantiert Freude am neuen Wohnort. Und für die Hochzeit ist der Dienstag ideal, wohl auch deshalb, da er kaum von Flüchen und Dämonen besetzt ist, die eine gelungene Partnerschaft verhindern.

Nur als Geburtstermin scheint der Dienstag alles andere als günstig. Denn, so der Volksglaube, diese Kinder entwickeln sich später zu Langfingern.

»Am Mittwoch sollst du nichts Neues beginnen!«

Dass der Mittwoch in der Wochenmitte liegt, besagt schon sein Name. Vor tausend Jahren galt er noch als Glückstag und hieß auch anders, nämlich Wotanstag, zu Ehren des Wodan oder Odin, des germanischen Toten- und Schlachtengottes.

Aber weil angeblich Judas an einem Mittwoch Jesus verriet, wandelte sich der Tag seit dem Mittelalter zu einem Unglückstag. Und mit der Zeit entstanden verschiedene Regeln. Grundsätzlich hieß es, alles zu meiden, was von Dauer sein sollte: auf Reisen gehen oder ein neues Heim beziehen. Auch das Heiraten hatte zur Folge, dass die Brautleute bald wieder ins Elternhaus zurückkehrten. Beerdigungen sollten ebenfalls unterbleiben, denn ein offenes Grab an diesem Tag zieht laut Erfahrung der Ahnen einen weiteren Toten nach sich. Ebenso galt es, alle Arbeiten im Haus und auf dem Feld, also düngen oder säen, ruhen zu lassen. Nur die Petersilie verträgt die Aussaat gut (am besten mit einem Lachen ...).

Startet allerdings ein Monat oder – noch schlimmer – ein Jahr mit einem Mittwoch, bedeutet dies konstant schlechtes Wetter.

Außerdem sollten Kinder niemals den ersten Schultag, meist ein Montag oder Dienstag, schwänzen. Denn wer an einem Mittwoch das erste Mal zur Schule geht, lernt fortan nichts.

»Wer freitags lacht, wird montags weinen!«

Lachen ist gesund und nützlich. Es stärkt das Immunsystem, schafft gute Laune – und vertreibt die bösen Geister. Denn als Abwehrzauber hilft lautes und kräftiges Lachen, um einen Bann zu brechen. Auf diese Wirkung geht übrigens der Leichenschmaus zurück, bei dem es früher laut und lustig zuging, um den Tod hinwegzulachen. Da wir uns an diesen Sinn nicht mehr erinnern, vollziehen wir zwar das Ritual nach wie vor, jedoch mit pietätvoll leisen Gesprächen.

Wirkungsvoll ist aber nur „reines" und fröhliches Lachen. Schleicht sich ein hämischer Unterton ein, ärgert das die Geister, die das schadenfrohe Grinsen allein für sich beanspruchen, meist dann, wenn sie ihren Schabernack mit den Menschen treiben.

Wird allerdings so herzhaft gelacht, dass die Tränen kommen, bedeutet das Streit. Und auch Kichern ist nicht erwünscht und bringt Ungutes, besonders wenn eine Braut an ihrem Hochzeitstag ein derartiges Geräusch von sich gibt. Zu viel des Lachens gehört sich außerdem weder für einen guten Christenmenschen, einen sittlichen Gläubigen und auch nicht für den Adelsstand. Und an dem klassischen Unglückstag, dem Freitag, zu viel zu

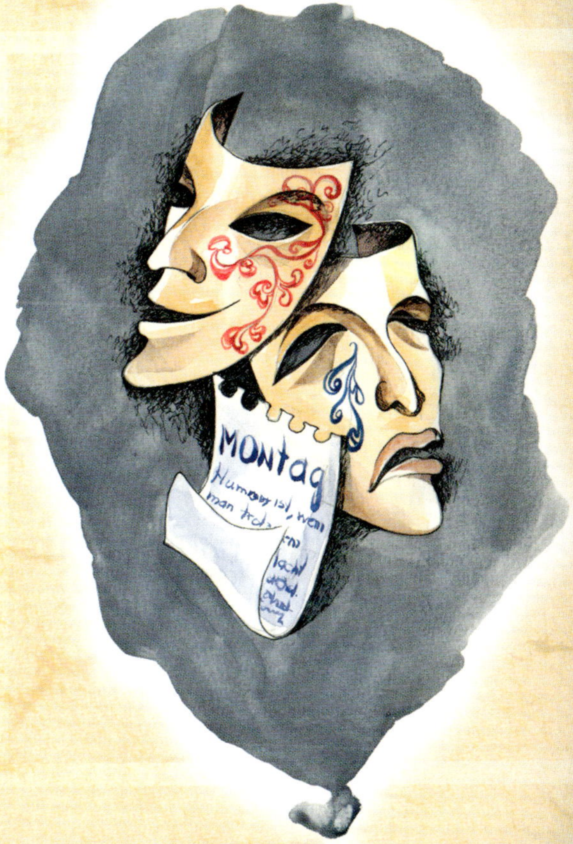

lachen, heißt, das Schicksal herauszufordern. Der Kummer lässt dann nicht lange auf sich warten: Am Montag fließen die Tränen.

»Freitag, der 13., ist ein Unglückstag!«

Seien wir doch mal ehrlich: Wen befällt nicht ein flaues Gefühl, wenn es auf einen Freitag, den 13., zugeht? Ein Tag wie jeder andere? Sicher nicht. Die große Mehrzahl glaubt noch immer, dass an diesem Tag nichts Gutes zu erwarten ist.

Ob der Freitag an sich ein Glücks- oder Unglückstag ist, hängt allerdings von der Betrachtungsweise ab. Einerseits verspricht der Tag der nordischen Liebes- und Fruchtbarkeitsgöttin Freya und auch des Planeten Venus rechtes Glück in solchen Dingen, andererseits fand an einem Freitag die Kreuzigung Christi statt und er galt deshalb als schwarzer Tag. Und so differieren die Meinungen, was an einem Freitag gelingen könnte oder nicht. In manchen Regionen ist er der ideale Tag für eine Hochzeit, während einige Kilometer weiter davon dringend abgeraten wird. Dass sich ein Freitag nicht für den Haushalt eignet und keinesfalls Reisen begonnen werden sollten, finden alle Abergläubischen.

Kommt nun auf solch einen Unglückstag noch die Dreizehn, wird es doppelt gefährlich. Die Ablehnung der Zahl hat eine lange Tradition, schon deshalb weil sie zu den Primzahlen gehört, die nicht sehr beliebt waren. Außerdem folgt sie der vollkommenen und Heil bringenden 12 nach und stand somit für das Überflüssige.

Zwölf Hexen und der Teufel als 13. Gast hielten (und halten) ihre Riten ab. Und auch heute noch gibt es Gebäude ohne den 13. Stock, in Hotels keine Zimmernummer 13, und bei der Vergabe von Sitzplätzen wird diese Zahl in Zug oder Flugzeug gern übersprungen.

SONNTAG
Hochzeit

»Sonntagskinder sind vom Schicksal gesegnet«

Der Sonntag verheißt Glück. Allein, dass an diesem Tag jegliche Arbeit verpönt ist, löst bei (fast) allen Menschen Glücksgefühle aus. Wird doch gearbeitet, erhält das Ergebnis keinen Segen. Besser eignet sich der Tag zum Faulenzen oder Heiraten.

Der Grund ist ein einfacher: Der Sonntag gehört dem Herrn. Der einzige Gang sollte der zur Kirche sein – oder vielleicht ins Geburtshaus, damit ein Sonntagskind das Licht der Welt erblickt. Sonntagskinder, so der Volksmund, sind nämlich nicht nur schöner und intelligenter als andere, sie verfügen auch über besondere Fähigkeiten. So glückt ihnen alles, was sie beginnen, die Arbeit geht ihnen leicht von der Hand und sie sind zudem hellsichtig. Es heißt sogar, dass sie in der Silvesternacht sehen können, was das nächste Jahr bringt.

Wenn Sie also jemanden kennen, der im voll besetzten Restaurant den besten Tisch bekommt, der immer einen Parkplatz erwischt oder im Supermarkt die kürzeste Schlange an der Kasse vor sich hat – dann wissen Sie, woran es liegt.

»Dreimal Niesen bringt Glück!«

Allerdings nicht immer. Denn an jedem Wochentag verheißt das Niesen etwas anderes. Nur vor dem Frühstück ist es ein wahrer Glücksbote. An den anderen Tagen orakelt es:

Montag beschenkt,
Dienstag gekränkt,
Mittwoch geliebt,
Donnerstag betrübt,
Freitag groß Glück,
Samstag gehen die Wünsche zurück,
Sonntag Gesellschaft.

Egal, was es bringt, ein „Gesundheit" oder „Helf Gott" muss folgen. Denn sonst kann der Teufel die Macht über die oder den Niesenden erlangen.

Erhalten hat sich die Sitte aus der Zeit, als die Pest in Europa wütete. Da sich die Krankheit durch Niesen ankündigte, sollten die schnellen guten Wünsche sie abwehren. Was unsere Vorfahren nicht wussten: Die Pest verbreitete sich auch mit dem Niesen – durch die Tröpfcheninfektion. Aber geahnt mussten sie es haben. Sie glaubten nämlich, dass ein Luftzug vom Flügel Satans das Niesen ausgelöst hätte. Auch heute gilt: Bei derartigen ungewollten

Lautäußerungen haben auf jeden Fall die Geister ihre Hände im Spiel und da hilft nur ein beherzter Wunsch und Segen – ganz gleich, wo und wann und ob es modern ist. Gesundheit!

»Wie Neujahr – so das ganze Jahr!«

Zur Jahreswende spukt es besonders wild. Deshalb sollte jede Arbeit und vor allem das Wäschewaschen ruhen. Bleibt also genügend Zeit, den Jahreswechsel richtig zu zelebrieren, damit auch ja das Glück für die nächsten zwölf Monate gesichert ist.

Und dafür gibt es im Aberglauben etliche Regeln: So soll das luftige Gesindel mit viel Krach und Böllerschüssen, also dem Feuerwerk, vertrieben werden. Beim zwölften Glockenschlag um Mitternacht muss dann der so genannte Glückssprung vom Tisch erfolgen. Bauern sollten über ihre Felder schießen, um eine reiche Ernte zu ermöglichen.

Auch das Bleigießen verrät in seinen abstrakten Formen, was so alles auf uns wartet. Deutungshilfen in schriftlicher Form sind ratsam – nicht dass noch etwas Falsches interpretiert wird! Der reichliche Biergenuss zu Mitternacht zieht ebenfalls das Glück an, heißt es.

Allerdings muss am Neujahrstag wieder früh aufgestanden werden, sonst droht ein Dasein als chronischer Langschläfer. Am Neujahrstag ist Erbsensuppe als Mittagsgericht zweckmäßig, da

sie das ganze Jahr vor Krankheiten schützen soll. Als Beilage empfehlen sich Möhren, Fisch oder Weißkraut; das bringt Geld. Und der eindringliche Blick nach draußen macht auch schlauer: Denn so wie am Neujahrstag das Wetter, so wird das gesamte Jahr!

»Gesundheit bringt´s, wenn du übers Johannisfeuer springst!«

Die flackernden Johannisfeuer, die am Abend des 24. Juni angezündet werden, dem angeblichen Geburtstag des Täufers Johannes, gehen auf eine christliche Geschichte zurück. In der Bibel (Johannes 5,35) sagte Jesus über den Täufer: „Er war ein brennend und scheinend Licht; ihr aber wolltet eine kleine Weile fröhlich sein in seinem Lichte." Johannes der Täufer legte vor Jesus seinen Mitmenschen die Buße nahe und wusch mit der Wassertaufe ihre Sünden weg. Seine Popularität kostete ihn den Kopf, hält aber bis heute in den immer noch aktuellen Johannis- oder Sonnwendfeuern an.

Ab dem Mittelalter wurden für dieses Fest an jenen Abenden Holzstöße auf den großen Plätzen entzündet. Gingen die Feuer dem Ende entgegen, fassten sich die Paare an den Händen und sprangen darüber. Gelang es nun einem Liebespaar, seine Hände während des Sprunges festzuhalten, galt als sicher, dass die Heirat gelang. Gesundheit versprach der Sprung sowieso einem jeden. Am besten er oder sie gürtete sich vorher mit zahlreichen magischen Kräutern, die anschließend ins Feuer geworfen wurden, damit sie alles Unheil der Zukunft mit sich nahmen. Der darauf folgende Schmaus sollte jedoch nicht zu lange dauern, damit in der kürzesten Nacht des Jahres die Hexen, Dämonen und Geister bei ihren wilden Jagden nicht gestört würden. Da der 24. Juni einer der wichtigsten Tage im Jahr ist,

weil sich unwiderruflich das Jahr teilt (zumindest bis Weihnachten gerechnet), eignet er sich außerdem hervorragend für alle magischen Riten. Doch egal, ob Feuersprung, Orakelsprüche oder Wünschelsamen: Ein bisschen Buße tun – im Johannes'schen Sinne – wäre auch nicht verkehrt ...

»Pfeifen ärgert den Klabautermann«

Lautes Pfeifen ärgert die Geister sehr und so auch den Klabautermann. Als „Hauskobold“ der Seeleute treibt er auf den Schiffen sein Unwesen und wenn es ein Seemann wagt, auf dem Schiff zu pfeifen, hält er es damit sogar noch wilder. Er kann mit derberen Späßen als gewöhnlich den Matrosen das Leben schwer machen.

Aber auch Wind und Sturm soll das Pfeifen angeblich heranholen. Kein Wunder also, dass dies an Bord eines Schiffes streng verboten ist.

Seeleute sind aber nicht nur abergläubisch, sondern auch zweckmäßig: Noch im vorigen Jahrhundert galt es als Unglück, einen Schwimmer an Bord zu haben.

Warum? Ein Seemann, der schwimmen kann, ist im Falle eines Schiffbruchs nicht unbedingt um seines Lebens willen daran interessiert, das Schiff zu retten.

»Toi, toi, toi!«

Auf Holz klopfen oder „toi, toi, toi“ rufen – wer kennt nicht die kleinen Gesten, die Glück bringen sollen.

Dabei beschwören die Formeln nicht im direkten Sinne das Beste, sondern gehen auf eine Urregel des Aberglaubens zurück: Nur ja nichts beschreien! Um dem nachfolgenden Ereignis trotzdem möglichst viel Glück mitzugeben, kam wohl der Abwehrzauber als Möglichkeit auf.

Deshalb steht auch das „toi, toi, toi“ in der Tradition der Banne und geht auf die Sitte zurück, dreimal den Speichel auszuspucken. Denn wie wir wissen, hat der menschliche Speichel Zauberkraft, erst recht, wenn er mit der Zahl Drei verbunden ist. Dreimal ausspucken wehrt das Unheil ab und kann die Hexen von der Türschwelle fern halten.

Im „toi, toi, toi“ reduzierte sich in Anbetracht unseres ästhetischen Empfindens das Spucken auf die lautmalerische Wortkombination. Manchmal empfiehlt es sich trotzdem, Speichel zu zeigen: Auf gefundene Gegenstände sollte dreimal gespuckt werden, denn niemand kann wissen, ob sie nicht verzaubert sind. Und soll eine Arbeit gut gelingen, wird ebenfalls kräftig in die Hände gespuckt, schon aus ideeller Hinsicht.

Aber auch das trockene Kürzel schafft Optimismus. So sehen es auch die Theaterleute vor einer Premiere. Sie umarmen sich und sagen kurz über die linke Schulter „toi, toi, toi". Übrigens darf darauf nicht das „Danke" folgen, denn dann passiert genau das Gegenteil!

»Pfeife nicht auf der Bühne!«

Pfeifen lockt nicht nur die Geister an, sondern ärgert sie auch. Das wissen wir vom Klabautermann, der dann auf dem Schiff tobt und die Seeleute das Fürchten lehrt.

Ebensolche Angst vor bösen Geistern ist den Theaterleuten eigen. Alle Schauspieler, die eine Bühne betreten, wenden mindestens ein Ritual an oder besitzen ein Maskottchen, das ihnen helfen oder sie beschützen soll. Auch gibt es eine Reihe allgemeiner Regeln: Es wird sich toi, toi, toi gewünscht, die Generalprobe sollte möglichst schief gehen, damit die Premiere klappt – und es darf niemals auf der Bühne gepfiffen werden, aus Angst vor dem Echo aus dem Zuschauerraum.

Tatsächlich entstand der Brauch aus einer Schutzfunktion heraus. Als noch Gaslampen die Bühne beleuchteten, kam es vor, dass die eine oder andere ihren Dienst versagte und mit einem leisen Pfiff ihre Explosion ankündigte. Pfiff nun jemand auf der Bühne, in den Kulissen oder während der Vorbereitungen, konnte der gefährliche Warnton überhört werden – mit tödlichen Folgen. Noch früher, so heißt es, stimmten sich die Bühnenarbeiter mittels verschiedener Pfeiftöne ab.

Pfiff dann jemand dazwischen, konnte auch dies ein fatales Ergebnis nach sich ziehen – bei der Schwere der Kulissen womöglich ebenso tödlich.

»Pfeifen unter Tage vertreibt die Berggeister«

Pfeifen wird nirgendwo gern gesehen – auch nicht bei den Bergleuten. Wie bei ihren Kollegen zur See, die damit ihren Klabautermann vergrollen, bringt das Pfeifen unter Tage nur Ärger und vertreibt die Berggeister.

Aber ohne die nimmermüden Seelen sähe es schlecht aus für die Arbeiter, die der Erde ihre Schätze entreißen wollen und deshalb auf besonderen Schutz angewiesen sind. Damit sich die Natur nicht rächt, stehen ihnen nämlich die Berggeister und ihre Helfer, die Zwerge, zur Seite. Geht zum Beispiel die Funzel des Bergmanns aus, springt der Berggeist mit seinem ewig brennbaren Öl ein. Und vor einem bevorstehenden Grubeneinsturz warnen die Zwerge, indem sie den Männern Staub auf den Kopf rieseln lassen.

Die Angst vor einem Unglück brachte noch allerhand Blüten hervor: Treibt sich am Eingang der Zeche ein Hund herum, so sollte zur Sicherheit gar nicht erst eingefahren werden. Nicht ganz einig sind sich unsere Vorfahren über die Farbe des Unglücksbringers: Nur so viel steht fest: Er muss schwarz oder weiß sein. Ist er aber braun oder gefleckt, gilt er als harmlos.

»Mast- und Schotbruch!«

Wie schön ist doch eine Reise zur See. Doch egal, ob Süß- oder Salzwasser, Jolle oder Katamaran, ohne eine Reihe von Maßnahmen ist grundsätzlich von solch einem Abenteuer abzuraten.

Freitags in See zu stechen, bringt Unglück und wird gleich von vornherein verworfen. Für eine gefahrlose Reise sorgt ein Goldstück oder ein Hufeisen, das am besten der Kapitän an den Mast nagelt. Auch die Kleidung gilt es zu bedenken.

Pech bringen nämlich die Sachen, die an einem Sonntag genäht wurden. Während einer Flaute hilft es, einen Besen ins Wasser zu werfen, um Wind herbeizuzaubern, oder an der Seite am Mast zu kratzen, aus der dieser aufkeimen soll.

Und damit die bösen Mächte nicht auf eine Seefahrt aufmerksam werden, wird einem auslaufenden Schiff nicht etwa „Glück und Segen" gewünscht, sondern genau das Gegenteil: „Mast- und Schotbruch". Das kommt daher, dass die meisten bösen Geister ziemlich blöde sein sollen und bei solchen Aussprüchen denken, dass sie ja nicht handeln zu brauchen, wenn sich die Menschen von allein solch ein Unheil wünschen.

Und natürlich verläuft mit diesem Trick die Reise ohne Zwischenfälle. Was für Seeleute gut ist, kann für andere Berufe nur recht sein, was der fröhliche „Hals- und Beinbruch“ beweist.

»Schornsteinfeger bringen Glück«

Wenn es einen Beruf gibt, der das Glück „gepachtet" hat, dann ist dies der Schornsteinfeger. Jedes Kind weiß, dass eine Begegnung oder sogar das Berühren eines solchen „schwarzen Mannes" Glück mitbringt. Doch worin liegt dessen Glückskraft? Wohl an seiner Tätigkeit: Den ganzen Tag hat er mit Ruß zu tun – einem magischen Stoff. Mit seinem Besen kehrt er den Kamin und bleibt unversehrt, obwohl sich dort die Geister am liebsten tummeln. Zudem trägt er die Unglücksfarbe Schwarz am Leibe und lebt! Kein Zweifel: Die Tätigkeit verhilft dem Kaminkehrer zu himmlischen Kräften.

Um in den Genuss dieser Magie zu gelangen, sind Schornsteinfeger vielerorts zu finden. Zur Weihnachtszeit verspricht der getrocknete Pflaumentoffel süße Stunden. Und damit das kommende Jahr recht glücklich wird, zieren um Neujahr herum kleine Abbilder die verschiedenen Süßigkeiten, Sektflaschen oder Glückskleepflänzchen.

Auch bei besonderen Ereignissen gilt er als Garant für Segen. So konnten sich noch Anfang des 20. Jahrhunderts in England die Kaminkehrer bei Hochzeiten ein

Taschengeld nebenher verdienen – gewissermaßen als lebendige Glücksbringer. Besonders glückbringend ist allerdings die Begegnung mit ihm am Neujahrsmorgen – aber welcher Schornsteinfeger arbeitet dann?

»Spinne am Abend, erquickend und labend«

Spinnen galten seit jeher als Glücksbringer. Zwar kamen und kommen sie in der Unglücksfarbe Schwarz dahergekrabbelt, dennoch durften die Achtfüßler weder aus dem Haus vertrieben noch getötet werden. Das hatte wohl einen praktischen Grund, fraßen die Spinnen doch das Ungeziefer in Küche und Vorratskammer. Im Mittelalter hieß es sogar, die Spinne sauge das Gift aus dem Haus.

Heute überleben Schädlinge nur schwer im Haushalt, so dass sich das nützliche Bild der Spinne wandelte und ihr Erscheinen nur noch bei Biologen und Naturschützern Begeisterung hervorruft. Dabei soll der Spruch gar nicht auf die Tiere selbst, sondern auf die Tätigkeit des Spinnens zurückgehen, so behaupten es jedenfalls einige Abergläubische. Das Spinnen am Morgen strengte als harter Broterwerb an. Am Abend wurde es als Freizeit und Zugewinn gesehen und fühlte sich deshalb gleich wohler an. Allerdings nicht bei Vollmond, denn dann führte das Flicken und Nähen beispielsweise direkt zum Totenhemd ins Grab.

Ob es nun ums Spinnen oder die Spinne geht, um die Arbeit oder das Omen, eines gilt als sicher: „Spinnen am Morgen bringt Kummer und Sorgen!“

»Marienkäfer bringen Glück«

Lässt sich ein Marienkäfer auf der Hand nieder, verfällt Groß und Klein in Entzücken. Seit jeher gelten die roten Käfer mit den schwarzen Pünktchen als Glücksbringer.

So sind sie nicht nur für gutes Wetter, Brot, Wein und Schmuck verantwortlich, sondern entwickeln auch prophetische Kräfte. Wie viele Jahre noch bis zur Hochzeit eines jungen Mädchens vergehen, verraten wahlweise die Anzahl der Punkte auf den Flügeldecken oder auch die Sekunden, die verstreichen, bis das Tierchen von der Finger- oder Nasenspitze wegfliegt. Ausgesprochen wichtig ist dabei seine Flugrichtung: Aus dieser soll nämlich dann der künftige Bräutigam kommen.

Seine besonderen Fähigkeiten verdankt das Marienkäferchen dem Himmelreich, in dem es nämlich zu Hause ist. Die enge Verbindung zu den Heiligen dort und vor allem zur Muttergottes „Maria“ brachte ihm wohl seinen Namen ein. Und auch deren Vorläuferin, der altnordischen Liebes- und Fruchtbarkeitsgöttin Freya, soll es als geheiligtes Tier gedient haben. Gerade deshalb sei es auch mit Ehrfurcht zu behandeln. Droht ihm nämlich ein Unheil, können schlimme Kräfte walten:

Nicht selten soll gar der gewaltsame Tod des „Himmelstierchens“ auch den des Verursachers nach sich ziehen …

»Schwarze Katze von links – Unglück bringt's!«

Schwarze Katzen haben's schwer. Egal, ob sie die Straße überqueren, auf Schornsteinen sitzen oder es sich irgendwo gemütlich machen – sie gelten stets als böse Vorzeichen (für etwas). Doch das war nicht immer so.

In der ägyptischen Kultur zählten Katzen zu den göttlichen, anbetungswürdigen Geschöpfen. Ihre vermeintlich magischen Kräfte wurden ihnen später zum Verhängnis und brachten sie während der Hexenprozesse im Mittelalter an den Rand der Ausrottung. Damals glaubten die Menschen, Hexen könnten sich in eben diese Tiere verwandeln. Auch galt die schwarze Katze, die bei einer Hexe diente und ihr auf dem Buckel saß, als personifizierte Boshaftigkeit.

Für die zwiespältige Betrachtung der Katzen – und besonders der schwarzen – sorgt sicher die Eigenwilligkeit der Kreatur. So lässt sich eine richtige Katze niemals vollständig domestizieren, geschweige denn wirklich durchschauen. Es gibt nur eine Erklärung dafür: Sie steht in Verbindung mit dem Bösen. Nicht umsonst heißt es, dass der Satan durch sie grüßen lässt.

Zwei Ausnahmen treffen aber auch für das schwarze Raubtier zu: Am frühen Morgen oder am Neujahrstag kann es das Unglück in Glück kehren.

»Dreifarbige Katzen sind Glückskatzen«

Die Katze gehört zu den beliebtesten Haustieren. Nur schwarz darf sie nicht sein – zumindest bei den Abergläubischen unter uns. Drei- oder mehrfarbige Vierbeiner gelten dagegen als ausgesprochen glückbringend.

Zurückzuführen ist dies auf den Status des bunten Stubentigers, der eher dem eines guten Hauskobolds glich und dem Haus Glück bringen sollte. Den zu verärgern oder gar zu töten, war streng verboten. „Wer die Katze ins Wasser trägt, trägt das Glück aus dem Haus.“, deutet auf deren Wichtigkeit hin.

Damit aber der eigenwillige Glücksbringer nicht ständig seinem Freiheitsdrang folgte, erfanden unsere Ahnen einige Methoden, die Katze ans Haus zu binden: Reicht die Bestechung durch die Schälchen frischer Milch oder andere Leckereien nicht aus, hilft es, der Katze vorsichtig einige Haare abzuschneiden und diese unter ein Tischbein zu legen. Anschließend wird das Haustier dreimal dort herumgeführt und der Tiger bleibt fortan in der Stube.

Wenn nicht, dann muss die Katze in einen Spiegel schauen – oder größere Opfergaben bekommen.

»Frisst der Hund Gras, gibt es schlechtes Wetter«

Der Hund ist bekanntlich der beste Freund des Menschen. Von seiner besonderen Verbundenheit mit ihm erzählen Geschichten über Hunde, die sich nicht vom Grab ihres Herrchens wegrühren oder Hunderte von Kilometern nach Hause laufen.

Dass die Vierbeiner etwas ganz Besonderes sind, war schon unseren Vorfahren klar. Und dass die Tiere übernatürliche Fähigkeiten besitzen, nur die Folge. Bauern insbesondere schätzten den Hund als Wetterpropheten und zuverlässigen Warner. Noch heute gilt: Frisst der Hund Gras, so kündigt sich ein Unwetter an, wälzt er sich im Schnee, soll es bald tauen. Blickt er beim Jaulen nach oben, wird es brennen. Läuft er unruhig auf einer Stelle hin und her, kann es genau dort Streit geben. Folgt er einem Menschen ungerufen, bringt er diesem Glück. Und heult er gar den Mond an, gibt es Krieg. Klägliches Winseln lässt übrigens Unheil erwarten. Woher? Aus der Richtung, in die er beim Schlafen die Schnauze wendet.

Der Hund – unser Prophet, allerdings nur die farbigen Exemplare. Schwarze Tiere gehören der Hexerei an und unheimliche Geisterhunde den Märchen und Sagen. Alle anderen sprechen die Wahrheit!

»Landet ein Rabe auf dem Dach, wird im Haus jemand sterben«

Der Rabe ist ein rechter Unheilbringer – ein Unglücksrabe eben. Schon seine Farbe verheißt das kalte Grausen. Mit solch kohlrabe schwarzem Gefieder tarnen sich bekanntlich Hexen oder der Teufe selbst. Auch der Ruf des Vogels erinnert mit seinem Krächzen ehe an „Grab, Grab“ als an die Verwandtschaft zu den Singvögeln. Wi nahe liegt also dann die Vermutung, dass der Tod ins Haus einzieh sobald sich einer von ihnen auf dem Dach niederlässt.

Dabei sind die Meinungen über den Vogel seit jeher gespalten, einer seits soll er ein Unglücksbote und Todesbringer sein, andererseits prophetische Kräfte besitzen. Deshalb spähten und spionierten zwe Raben für den germanischen Gott Odin.

Auch kann ein Gespräch unter den geschwätzigen Tieren durchaus neue Erkenntnisse über die Zukunft bringen. Sicher ist jedenfalls, dass sie die Saat auf dem Feld plündern und damit von Bauern nicht gern gesehen werden. Sie zu bekämpfen, getrauen sich allerdings nur wenige. Vielleicht rächen sich ja die dunklen Mächte?

Außerdem sind in dutzenden Märchen Kinder nur zu gern in Rabe verwandelt worden. Wer weiß also wirklich, was sich unter dem Gefieder verbirgt? Für den Raben auf dem Dach gibt es übrigens

einen einfachen Abwehrzauber, der bei vielen unliebsamen Begegnungen wirkt: Dreimal kräftig auf den Boden spucken und die Magie des Unglücksboten ist unwirksam!

»Der Ruf der Eule hat Arges zu bedeuten«

Der Schrei einer Eule darf in keinem Gruselfilm fehlen. Er kündigt das heraufziehende Unheil an und warnt vor Gefahr. Das gleiche Gefühl dürfte unsere Vorfahren bei einem Eulenruf beschlichen haben. Schließlich galt das so genannte „Totenhuhn" als reichlich zwiespältig.

Einerseits fand sich eine Eule in der Nacht besser zurecht als am Tag – das konnte nur mit dem Teufel zugehen. Aber auch ihr Pakt mit den Hexen galt als sicher. Schließlich sind es die Eulen, die neben dem Raben deren Nachrichten übermitteln können. Andererseits soll es ja auch gute Zauberer geben, die sich der Orientierungsmagie der Vögel bedienen – man denke nur an Harry Potter!

Außerdem bestritt seit der Antike niemand die sprichwörtliche Weisheit der Eule, selbst die nicht, die sie für unheilbringend hielten. Bei den alten Griechen galt die Eule als das heilige Tier der verehrten Pallas Athene, aber das Auftauchen des Vogels prophezeite größtenteils eine Katastrophe. Zudem soll ja auch die verarbeitete Version des Nachtvogels in magischen Dingen helfen: Eulenfedern schützen angeblich vor bösen Mächten, Körperteile helfen gegen allerlei Krankheiten und ihre Knochen sind immer gut für einen Liebeszauber ...

»Ein Schwein am Neujahrstag bringt Glück«

Schweine bringen Glück und besonders am Neujahrstag. Allerdings sind heute die Chancen eher gering, gerade dann einem Schwein in natura zu begegnen und sich damit Glück für das kommende Jahr zu sichern. Also zieren kleine Vertreter aus Keramik, Plastik oder Marzipan die Auslagen der Geschäfte und die Paletten im Supermarkt. Glück soll es nach alter Tradition bringen, in welcher Form, ist egal.

Dabei spielt auch das Borstenvieh im Aberglauben – wie viele andere Tiere – eine zwiespältige Rolle. Als eines der ältesten und wichtigsten Nutztiere wurde es seit jeher vom Menschen hoch geachtet und ihm allerhand übersinnliche Kräfte zugeschrieben. Daneben galt es als äußerst empfänglich für fremde Schwingungen, als Hexentier und in der christlichen Symbolik sogar als Verkörperung des Teufels.

Bereits in der Antike findet sich die Idee, dass Schweine verhexte Menschen sein können. Auch die Zauberin Circe verwandelte laut Homer die Gefährten des Odysseus in Schweine. Überhaupt galten die Tiere seit jeher als besonders empfindsam für das Übernatürliche. Jede ihrer Bewegungen orakelte etwas Bedeutendes. Schließlich setzten sich die guten Omina durch,

die sich heute noch in Redewendungen wie „Schwein gehabt“ äußern. Dass Schweine nicht nur Glück, sondern auch Geld verheißen, weiß jedes Kind: Welche Form haben denn die meisten Spardosen?

»Schafe zur Rechten – Streiten und Fechten, Schafe zur Linken – Freuden uns winken«

Mit den Schafen ist es wie mit den Katzen: Auf welcher Seite sie stehen, ist für den weiteren Tagesverlauf entscheidend. Am linken Wegesrand verheißen sie ausgiebige Freuden, am rechten dagegen Streit bis hin zum Waffezücken. Und ebenso wie die Katze („Katze von rechts, dann pecht's, Katze von links, gelingt's …") setzt sich das Schaf damit über die religiösen Bräuche hinweg. Da gilt nämlich rechts als gut und links als böse – seitdem Gottes rechte Hand in der Bibel von der Macht kündete und beim Jüngsten Gericht die Gerechten zur rechten Seite stehen werden und die Verfluchten eben links.

Aber nicht nur Christen, ebenso die alten Römer und Griechen und auch jeder Inder weiß, dass mit rechts gegrüßt und gegessen wird. Das unheilvolle Omen der linken Seite setzte sich am Menschen bis zum linken Fuß fort, mit dem bekanntlich nicht als Erstem aufgestanden werden sollte. Warum bringen nun die Schafe zur Linken Glück? Weil es sich so schön reimt?

Vielleicht blieb hier noch etwas vom alten Volksglauben erhalten, bei dem sich die linke Seite hervorragend zum Opfern eignet.

Die Schäfchen selbst scheinen jedenfalls keinen Einfluss auf die Prophezeiungen auszuüben. Andererseits soll das Schlafen auf einem Schaffell wirklich gute Träume versprechen ...

»Wo die Brennnessel steht, schlägt der Blitz nicht ein«

Vor den Zeiten der hilfreichen Blitzableiter schlug der Blitz häufig ein, so dass Häuser und Ställe bei manchem Gewitter viel zu oft lichterloh brannten. Um sich zu schützen – und ihre verständliche Angst zu beschwichtigen –, griffen die Menschen auf allerlei magische Zauber und Hilfsmittel zurück.

Eines davon war, Brennnesseln nahe ans Haus zu pflanzen. Denn wo Brennnesseln stehen, schlägt der Blitz nicht ein, hieß es. Also verunkrauteten so manche Gärten mit Sorgfalt. Die zahlreichen Nebenerscheinungen eines Gewitters konnten die stacheligen Pflanzen ebenso abwehren. Kippte beispielsweise während des Brauens das Bier um, lenkte eine gut platzierte Brennnessel neben Krügen und Fässern das Unheil ab, wie eben auch den Blitz.

Der Grund ist einfach: Um eine Pflanze, die so sehr brennt, wenn sie berührt wird, macht sicher der Blitz einen Bogen. Zusätzlich halfen getrocknete Brennnesseln auf dem Dachboden, die am Gründonnerstag gesammelt und getrocknet wurden. Das Pflücken kurz vor Ostern versprach außerdem Glück und Reichtum für das Haus.

Und gegen das Brennen wirkte ein einfacher Trick:
Beim Abzupfen den Atem anhalten!

»Efeu bringt den Streit ins Haus«

Gibt es im Haus viel Streit, ist vielleicht der Efeu schuld. Dieser sät nämlich als Zimmerpflanze Zwietracht und manch anderes Unheil im trauten Heim.

Eines kann sein, dass die Tochter des Hauses unverheiratet bleibt – und das galt bis vor wenigen Jahrzehnten als Unglück, sicherte doch die Heirat die Zukunft der Frauen. Aus dieser Angst heraus entwickelten sich allerlei Bräuche, die anzeigen sollten, ob bald eine Hochzeit ins Haus stand.

In manchen Gegenden warfen die Mädchen Efeukränze oder Blätter auf das Wasser und beobachteten, ob diese nah aneinander schwammen, denn das hieße eine schnelle Trauung.

Seine prophetischen Kräfte bezog der immergrüne Kletterer aus der engen Beziehung zum Totenreich und damit zur Geisterwelt. Schließlich war und ist er der häufigste Grabschmuck. Und schon deshalb scheint es unheilvoll, den Totenschmuck nahe am Haus zu pflanzen, wohinein er sogar alle sieben Jahre dann den Tod bringen soll ...

»Farnkraut im Schuh, seine Liebe nimmt zu!«

Viele Pflanzen besitzen ungeahnte magische Kräfte. Der Farn jedoch soll die meisten übertreffen. Er scheint ein rechter Alleskönner zu sein, denn seine Samen – eigentlich Sporen – machen glücklich, vermögend, klug, gewinnsicher ...

Die größte Wirkung besitzen diese, wenn sie der Farn in der Johannisnacht (24. Juni) ausschüttet. Diese „Wünschelsamen" erfüllen angeblich jeden Wunsch und können bei Bedarf sogar unsichtbar machen, heißt es in alten unbestätigten Quellen.

Aber auch in der Johannisnacht gepflückte und über der Haustür aufgehängte Farnwedel sollen ein probates Mittel sein, um alles Unglück von Haus und Hof abzuwehren.

Ebenso eignen sich die Farnblätter als Liebeszauber: Gelingt es einer Frau, ein getrocknetes Farnblatt in den Schuh eines Mannes zu schmuggeln, wird er künftig ganz und gar ihr gehören: Seine Liebe ist entfacht!

Ein Vorrat an Farnkraut kann also niemals schaden ...

»Vierblättriger Klee bringt Glück«

Der vierblättrige Klee ist eine rechte Wunderwaffe. Das weiß selbst jedes Kind – und deshalb kann bis heute kein Mensch über eine Wiese gehen, ohne sich zu bücken und nach einem solchen Glücksklee zu suchen.

Glück bringt er dann auf vielerlei Art: im Schuh getragen, beschützt er auf Reisen, in der Kleidung vernäht, bewahrt er vor allem Bösen. Und wird das Kraut mit dem Gedanken an einen geliebten Menschen verzehrt, hilft es, denjenigen zu gewinnen. Zudem soll Klee wahlweise unsichtbar oder Geister und Feen sichtbar machen.

Eins aber muss er sein: spontan gefunden und nicht aus einer Sonderzüchtung um Silvester im Blumenladen gekauft. Denn das hilft gar nichts.

Erstens liegt gerade die Kraft des vierblättrigen Klees darin, dass er so selten ist. Und zweitens gelten für viele vierblättrige Stängel auf einem Haufen ganz andere Regeln, nämlich die gleichen wie für fünf-, sechs- oder siebenblättrige: Zu viel ist ungesund und bringt Unglück!

»Mistel hält den Zauber fern«

Auch Schmarotzer haben gute Seiten. Einer ihrer Hauptvertreter kann sich sogar mit allerlei Zauberkräften brüsten. Diese besitzt die Mistel zweifelsfrei, weil sie nicht auf der Erde, sondern – oh Wunder – auf einer anderen Pflanze lebt und trotzdem gedeiht. Mit ihrer Magie kann sie Kräfte stärken – und das nicht erst, seit Obelix in einen mistelhaltigen Zaubertrank fiel.

Von den Druiden wissen wir auch, dass die Mistel auf einer Eiche weit magischere Kräfte besitzt als ihre Verwandten, die auf gewöhnlichen Bäumen wachsen. Um all die Wunder zu erhalten, sollte sie mit einer goldenen Sichel geschnitten werden.

Denn die Schmarotzerpflanze kann noch viel mehr, als immense Stärke zu verleihen. Misteln schützen insbesondere vor Verzauberung! Außerdem wehren sie Übel ab, heilen zahlreiche Krankheiten und führen eine Schwangerschaft herbei. Gerade dafür ist der aus England stammende und bis heute übliche Brauch förderlich, sich während der Weihnachtszeit unter einem Mistelzweig zu küssen. Schweren Fällen sei außerdem die Einnahme eines Gebräus auf Mistelbasis empfohlen. Ob es allerdings zu Nachwuchs verhilft, ist nicht verbürgt – gigantische Kräfte

verleiht es auf jeden Fall, allerdings nur, wenn es nach einem bestimmten Rezept gebraut ist …

»Petersilie braucht ein Lachen«

Die Petersilie darf in keinem Kräutergarten fehlen. Doch ist die Aussaat gar nicht so einfach. Denn, so besagt es der Aberglaube, Petersilie soll nur an einem Mittwoch ausgesät werden – eines der wenigen Dinge, die an diesem Tag begonnen werden dürfen. Außerdem sei dabei herzhaft zu lachen, damit die Saat besser aufgeht. Das funktioniert aber nicht überall, denn mancherorts muss die Petersilie zornig angesehen werden.

Die Aussaat am Johannistag (24. Juni) verspricht den ganzen Winter über grüne Kräuter. Doch der Standort will vorher gut überlegt sein, denn Verpflanzen gibt es nicht. Das bringt Unglück oder für ledige Frauen schlimmstenfalls keinen Mann.

Orakeln kann die Petersilie übrigens auch: Geht die Saat auf, kündigt sich Nachwuchs an und der Gärtner (oder die Gärtnerin) leben lange. Geht sie nicht oder nur schlecht auf, so ist dieser ein Schwätzer.

Warum also Petersilie säen, wenn der Vorgang so kompliziert ist? Weil dem Kraut eine starke Heilwirkung nachgesagt wird – gegen Krankheiten ebenso wie gegen böse Geister. Außerdem gilt es als Aphrodisiakum – allerdings nur in großen Mengen.

»Diamant macht unbesiegbar«

Seine Härte gab ihm den Namen. Das ursprüngliche griechische Wort für Diamant bedeutete einst „unbesiegbar". Und so wie der Stein der Steine unter all seinen Geschwistern als der härteste natürliche Stoff überhaupt scheint, so unbesiegbar soll auch sein Träger oder seine Trägerin werden.

Diamantene Geschenke gab es früher vor allem für Männer, die in den Kampf zogen. Selbst während des Ersten Weltkriegs erhielten die Soldaten von ihren Angehörigen noch geweihte Diamanten, die sie im Feld schützen sollten.

Doch angeblich nicht nur gegen weltliche Gefahr wirkt der Diamant. Wegen seines intensiven Glanzes kann er dämonische Einflüsse „zurückblitzen" und bewahrt vor Besessenheit und bösem Blick. Besonders wirksam ist er bei Menschen, die im April geboren sind: Als Monatsstein verleiht er ihnen Tapferkeit, Treue und Beständigkeit.

Schaden kann ein diamantener Talismann jedenfalls nicht. Gerade für Frauen sind die glitzernden Steine bis heute interessant, wie übrigens Marilyn Monroe bereits wusste: „Diamonds are a girl's best friend ..."

»Bernstein bringt die Zähne heraus«

Die Magie der Steine kann zuweilen recht bissfest sein. So steckten Adel und der reiche Handelsstand im frühen Mittelalter ihren Kindern Amulette aus Bernstein zwischen die Kiefer, um das Zahnen zu erleichtern. Denn gerade der Bernstein galt in der Vergangenheit als starker Helfer bei allen Schmerzen rund um den Kopf. Aber auch gegen böse Geister und Hexen sollte er helfen. Bernsteinketten, die den Kleinsten bis heute um den Hals gelegt werden, wehren nämlich Krankheiten und fremde Mächte gleichermaßen gut ab.

Der gelbbraune Stein – so glaubten jedenfalls die Vorfahren – wirkt aber auch innerlich, je nach Bedarf gerieben oder im Ganzen, verhilft er zum Abort oder beschleunigt bei schwierigen Geburten die Wehen.

Seine magische Fähigkeit bezieht er zweifelsfrei aus der wundersamen Beschaffenheit, handelt es sich doch um einen Stein, der brennen kann! Aus der niederdeutschen Bezeichnung „bernen“ für brennen entstand vermutlich auch sein Name. Und seine Beliebtheit verhalf Händlern schon vor viertausend Jahren zu guten Geschäften von der Nordsee und England bis nach Griechenland.

Für diejenigen, die sich keinen Bernstein als Amulett für die Säuglinge leisten konnten, gab es einstmals auch eine preiswertere Variante: Der Zahn eines Toten als Spielkette versprach angeblich die gleiche zahnfördernde Wirkung.

»Smaragd erkennt die Unkeuschheit«

Dem Smaragd wohnt eine Art spirituelle Kraft inne. Bereits in der Offenbarung der Bibel zählt er zu den Grundsteinen des himmlischen Jerusalem.

Im Aberglauben offenbart er dagegen die Untreue seiner Trägerin oder seines Trägers. Auf die Brust gelegt, bekämpft der grüne Stein nämlich dort die Unkeuschheit. Schafft er dies nicht und ist das Laster zu stark, zerspringt er in tausend Teile. Vorsicht sei deshalb stets geboten: Manchmal kann selbst beim kleinen Rendezvous ein Ring am Finger platzen ...

Doch genauso wie die Lasterhaftigkeit vermag der Smaragd den Stand einer Krankheit aufzuzeigen. Am Herz eines Schwerkranken wirkt er wie ein Detektor: Bleibt er ganz, wird der Kranke genesen, platzt er aber, sieht es böse aus. Als Amulett bewahrt der Edelstein vor Epilepsie, Fieber und Vergiftung, schärft die Augen und das Gedächtnis.

Auch heißt es, mit einem Smaragd unter der Zunge könne ein Mensch die Sprache der Tiere verstehen. Manchem soll er schon geholfen haben, falsche Freunde zu erkennen, allerdings ist nicht überliefert – wie!

»Amethyst bringt Glück bei der Jagd«

Seine Eigenschaft erklärt sich aus dem Namen: Das griechische améthystos bedeutet so viel wie „dem Rausch widerstehend". Bis ins Mittelalter galt der Stein nämlich als Wunderkraft gegen die Trunkenheit.

Auf den Nabel gelegt, kurierte er angeblich sogar Volltrunkene. Und gegen das Betrunkensein gab es auch ein Rezept: den Stein zermahlen und – vorher – ins Getränk geben. Dies sollte verhindern, dass der Alkohol zu Kopf stieg. Auch der Ring am Finger konnte davor schützen.

Neben den Edelmännern steckten sich außerdem die Jäger mit Vorliebe solch einen Schmuck an, sicherte er doch Erfolg bei der Jagd. Aber auch die „braven Leute" profitierten von der Heilkraft des violettfarbenen Steins, der in dem Ruf stand, die bösen Gedanken zu vertreiben und den Träger tapfer und gutmütig werden zu lassen.

Bis heute erfreut sich der Amethyst großer Beliebtheit als Zierde. Und mit seinen besonderen Fähigkeiten bietet er bei ausgelassenen Festen noch einen zusätzlichen Nutzen.

»Granat schützt vor Dieben«

Der Granat ist, kurz gesagt, auf der Seite der Ehrlichen. Bestes Beispiel: Der Stein soll bei Gerichtsprozessen geholfen haben – vorausgesetzt, der Besitzer war im Recht.

Ob seine Warnfunktion bei der Gesetzessprechung allerdings den Ausschlag gab, ist uns heute unbekannt. Jedenfalls heißt es, der Stein färbe sich dunkel, sobald Gefahr droht. Das machten sich früher auch die Reisenden zunutze, die niemals ohne ein solches Amulett außer Haus gingen. Denn merkwürdigerweise soll das Schmuckstück die Diebe nicht anlocken, sondern vertreiben und dadurch dem Träger oder der Trägerin eine gefahrlose Reise garantieren.

Granate helfen angeblich auch bei Melancholie, machen Menschen munter und froh. Und als Heilmittel gegen innere Krankheiten eignet sich der Stein ebenfalls vorzüglich. Dafür muss er nur auf den Teil des Körpers gelegt werden, in dem das Übel haust.

Sodann zieht der Granat die Krankheit aus den Organen und hält sie fest. Nun braucht er nur noch in einen Bach oder Fluss geworfen zu werden – und alles Böse ertrinkt!

»Rubin stärkt das Herz«

Rot ist bekanntlich die Farbe der Liebe. Doch früher stand sie auch für das Herz, das Leben und den Hass. Folglich eignet sich der gleichfarbige Rubin hervorragend für die verschiedensten Zauber, je nachdem, welcher gerade benötigt wird.

Eines ist sicher: Er stärkt das Herz, zum einen aus medizinischer Sicht, zum anderen aus psychologischer, denn ein Rubin nimmt seinem Träger die Furchtsamkeit. In seiner zweiten Eigenschaft – als Detektor eines bösen Zaubers – schützt der Edelstein folgendermaßen: Verdunkelt sich seine Farbe, ist Gefahr in Verzug. Aber auch Teufelswerk und Anfeindungen soll er einfach unschädlich machen können, ebenso Schwermut und Feigheit vertreiben.

Die Liebe zu einer bestimmten Person versprach das folgende Rezept (das sich im Mittelalter großer Beliebtheit erfreute), dessen Nachahmung zwar zeitaufwändig, aber nicht gefährlich scheint: Ein Rubinring wurde ein Jahr lang ununterbrochen am Finger getragen, anschließend mit dem Haar des oder der Angebeteten umwickelt, dann in Wein getaucht, der Becher wurde geküsst und der „Zielperson" als Liebestrank gereicht.

Ob und wie der Zaubertrank wirkte, ist uns aber nicht bekannt.

Genehmigte Lizenzausgabe
EDITION XXL GmbH
Reichelsheim 2003

Text: Anke Fischer und Patricia Eckstein
Illustrationen: Olga Malkovskaja
Layout und Satz: Bärbel Bach

ISBN 3-89736-901-X